MIROS

インテリア／
カラーバイブル

あなたの家を変身させる、プロが選んだ700色

ケビン・マクラウド 著
荒田 佳子 訳

本書における色の精度と限界

本書は従来の4色刷りとは異なり、6色をプロセスカラーとした先進の印刷技術ヘキサクロームHexachrome®で印刷しています。ヘキサクロームでは3,000色を超える色をコントロールすることができますが、それでもなお印刷のプロセスにおいては限界や偏差が出てきます。そのため、本来の色を忠実に再現できているという保証はありません。

塗料メーカーのカラー・カードを使用して、本書に印刷されている色見本すべてに対応させた「ペイントマッチpaint matches」をwww.choosingpaint.comのホームページ上に載せています。しかしながら、本書の著者および発行者は、本書の色見本とこれに対応する特定のメーカーの色とのあいだに相違があった場合にも、いかなる責任を負うところではありません。

どんなメーカーの塗料も、バッチが異なると、その色が微妙に異なることをよく知っておくことが大切です。塗料を購入する際には必ず缶のバッチ番号を確認して、可能なかぎり同じバッチの塗料を購入してください。同じバッチのものが入手できない場合には、それらの塗料を全部一緒に混ぜ合わせて色を均一にします。

本書の色見本にマッチする最新の塗料を間違いなく入手したい場合や、英国ブランドの最高品質塗料を購入する場合には、www.choosingpaint.comをごらんになってください。

Editorial Director Anne Furniss
Creative Director Helen Lewis
Project Editor Lisa Pendreigh
Design Assistants Jim Smith and Katy Davis
Picture Researchers Nadine Bazar and Claire Limpus
Production Director Vincent Smith
Production Controller Beverley Richardson

First published in 2003 by
Quadrille Publishing Ltd
Alhambra House
27–31 Charing Cross Road
London WC2H 0LS

Reprinted in 2004

Printed and bound in China

目　次

本書を執筆した理由

私が本書に望むことはただひとつ、十分に調査された参考文献をお届けすることです。設計者やデコレーター、住まいのオーナー、学生、建築家、工芸家、アーチスト、それに情緒に訴えかける色のパワーに魅せられているすべての方々の役に立つことのできる作業ツールになってほしいと考えています。

カラーパレットのコレクションを編纂するうちに、包括的なものに仕上げるのはとても不可能であることが分かるようになりました。すべての歴史色のあるパレット、すべての地方色のあるパレット、すべての色見本、それにバランスのとれた色彩設計の全例を網羅するとなると、もしそのようなものが存在し得るとしても、おそらく百科事典なみの量になってしまい、誰も読む人はいないことでしょう。実際のところ、補色同士が対照をなすような調和のとれた形に色を並べ、色相環を細かく分割した配列を試みた本は大変価値がありますが、その一方でとても退屈でもあります。

そこで私は、そのパレットの時代や場所をもっともよく体現し、なおかつパワフルな色のコレクションを表現しようと努めました。私が考えるパワフルなパレットとは、ただ興味深い色や強い色を組み合わせただけのものではありません。それは色に独自の個性を持つものであり、ある時には私たちの潜在意識の中の、時代や場所や情緒に強く結びつく感覚を呼び覚ますものです。もちろん、マイルス・デービスのソロ演奏のように、1色だけを使ってこうしたイメージを呼び覚ますこともできます。その一方で、パレットはフルオーケストラのような効果をもたらしてもくれるのです。

本書の中には、人によっては好みではない色やパレットもあるかもしれません。もちろん間違った色もあるかもしれませんが、私は修正や追加については常にありがたく思って行っています。色合わせや適合テストや色のチェックには、どんな場合にもできるだけ学究的であるよう努めてはいますが、本書を美術史の参考資料にしようというようなつもりは毛頭なく、つまるところパレットや色は私の好みということになります。むしろ、モチーフとなる対象物や出来事から写しとった抽象的な表現と言ってもよいかもしれません。ものごとの背後にある時代や場所や思いを蒸留したものなのです。本書のパレットや色のコレクションをお楽しみ頂け、また実際にご活用頂けることを願ってやみません。

本書の役立て方

約700色を使った64種類のパレットを掲載しています。なかには2ページ以上にわたって紹介しているパレットもありますが、本書を開けばいつでも統一されたページ構成でご覧頂けるようにしています。

趣きのある色をただ700色ご紹介することもできましたが、それでは無意味なものになっていたでしょう。色の選択には解説が必要です。私たちは色のことをよく分かった上で使い、そこから感じ取った色の価値やイメージを生かして、語られも書かれもしていない思いや情緒を伝えます。そのため、どこかしらに由来する本書の色はすべて、ものや場所や時代に結びつきがあり、またそれと分かるように示されているので、その気になればその色に関連する特長を最大限に生かすことができるのです。

さらには、色がひとつにまとまると、メッセージをダイレクトに伝えるにしても、微妙なニュアンスを伝えるにしてもその能力が非常に高まります。本書のほぼすべての色が、パレットというひとつの色のまとまりの一部として示されているのはこのためです。

パレットは、あらゆるものからインスピレーションを得ています。歴史的な中東のタイルやセーブルの磁器、ローマのモザイク、ギリシャの陶器といった装飾物の色をそのまま正確に再現しているものもあります。これらはどれも装飾デザインの歴史において、とても価値の高いものです。また、ミノス文明にせよ18世紀の家屋にせよ、その時代に描かれた壁画を手本にしたパレットもあります。場所や土地の色に由来するパレットもあります。その他は現代的なものをモチーフにしており、近代的な図形や車、新しいカラーシステムなどが元になっています。

パレットをまるごとまねて、そのパレットの持つイメージや微妙な色の特長を余すことなく用いたり、比較的小さなグループの色を使ってみたり、1色だけを使ってみたりと、本書からさまざまな方法で色を抽出することができます。実際、パレットのアレンジはさまざまで、全体的に統一性のあるものもあれば、何色かを別個のサブグループに分けているものもあります。

本書のパレットの中には、共通する由来を持つわけでもなく、壮大な構想を元に色を集めたものでもないパレットもあります。そうしたパレットは単純に美しい色のコレクションなので、その中からアトランダムに色を選んでいただいて結構です。18世紀や19世紀、20世紀初期の歴史的な壁の色はみな、この種のパレットのよい手本であり、そこからただ、1780年代調のリビングルームや1920年代調の玄関扉に塗るのに「これなら」と納得のいく色を選べばよいのです。年代的な趣を求めたいという制約がなければ、16種類のパレットを紹介した純色のコーナーを参考にしてください。16種類のパレットは、6色刷りヘキサクロームHexachrome®の印刷法でコントロールできる3000色の中から私が選び、ブルーやイエロー～オレンジといった色調別に配列したものです。これらのセレクションはまったく包括的なものではありませんが、それぞれの色を見ていくと、独自に異なる優れた特長を持っています。

パレットは、その元となっているものによってではなく、全体に与える印象に基づいて名前がつけられています。これには、色や色のアレンジに対してあなたが抱く先入観を取り除くという隠れたメリットがあります。例えば、あなたのリビングルームや、あなたが運営しているプロジェクトや広告キャンペーンに、ぜひ使ってみたいと思う色の組み合わせがあったとします。けれども、もしそのパレットが「壁の色」と銘打ったセクションにあって、「古代ジェリコ」という名前がつけられていたとしたら、タイトルを読み終わる前にその色を使う気が失せてしまうかもしれません。言葉の影響で身動きがとれなくなったり判断力を失ったりしないよう、まず本書にざっと目を通し、目についたパレットに印をつけておくとよいでしょう。

塗料の色の見つけ方

本書には、補足リストが添えられています。これを使って、掲載されている色と一致する市販の塗料を見つけることができます。本書の色見本には各々レファレンスがあります。パレット番号とパレットの中の各色に番号をつけ、これらのひとつひとつに市販の塗料のレファレンスを記しています。

色の再現について

国内標準規格の色や世界標準規格の色は、ナチュラル・カラー・システム（NCS®）や国際標準化機構（ISO）のカラー・コントロール・アトラスといった定評のあるコントロール用レファレンスと、ヘキサクロームHexachrome®の色見本とを照合してマッチさせ、また付随の刊行物『マンセル・ブック・オブ・カラー』やLabやNCS®などの表色系レファレンスにもマッチさせています。本書作成にあたって使用したヘキサクロームHexachrome®印刷技術について詳しくは、11ページのモデル4を参考にしてください。

色の働き

ここから4ページにわたってさまざまなカラーモデルを紹介します。カラーモデルとは、色が互いにどのような関係を持っているのか、そして私たちがそれをどのように知覚するのかを分かりやすくするために使われる仕組みで、本書のパレットの働きを理解するにも大変役立ちます。

カラーモデルは何千年も使われてきたものです。アリストテレスが西洋で初めて色の尺度を作り出し、それに影響を受けてニュートンが虹は7色であると決定しました。ニュートンはこれに至るまでに、虹の色は5色であるとか11色であるといったさまざまな考えを持っていたのです。現代のシステムは今でも、本質的にニュートンの条件を以て色を参照しています。

すべてのカラーモデルが、ある程度までは通用します。しかし、科学者が使う最新式の3-Dカラーモデルでさえ捕まえることができない色もあります。そのため、あるモデルが圧倒的に優れた地位を得ているとは限らず、どのカラーモデルもみな誤りは免れないのです。それは人間の視覚自体に一貫性がないからであり、視覚とは型にはめられるものではないということなのです。私たちはそれぞれ目に、微妙に異なる構造をした受容体（桿状体と錐状体）を授かっていますが、これには共通性がありません。視覚は論理的なものではないので、きっちりと割り切れるものではなく、無数の人間活動を行うための重要な道具として発達した生物学的なメカニズムなのです。デジタルではなくアナログであるため、虹の色に対する感受性もさまざまです（p.10参照）。

カラーモデル1は、私たちが学校で習ったことのあるモデルです。塗料の原色は、イエローと赤とブルーで、他の色を混ぜて作ることができない色です。原色を混ぜ合わせると2次色ができます。その結果、モデルを円にして並べた場合、赤の補色は（向かい側にある）グリーンになります。

補色は同じ場所に並べられると対抗するように見え、混ぜ合わせると、ブラウンのような色になります。パレットの中にある微妙で複雑な色の多くは、ある色を少量の補色で薄めて、白か黒またはその両方を加えたものです。意図的な効果を狙って補色同士を1組にしたパレットもあります。このモデルは顔料や合成染料に使えて実用的ですが、その一方で不完全なところも多々あります。また、これらの色を混ぜると、色の明度を打ち消し合い、より暗い色になるので、「減法混色」のモデルとしても知られています。このためパープルやグリーンは、その色を作るために混ぜた元になる原色よりも明度が低くなります。色を合わせた方がその構成要素より明度が低くなるケースです。

カラーモデル2は4原色のモデルで、最初に見たときには見慣れない感じがしますが、実際にはずっと以前からあるモデルで、1878年前にドイツ人の心理生理学者エバルト・ヘリングによって系統立てられたものです。ヘリングはイエローと赤とブルーとグリーンの原色に黒と白を加えて6色の「ナチュラル・カラー」のパレットを作りました。この理由のひとつには、ブルーとイエローの減法混色であるグリーンを、独立した1色だと考えたことがあげられます。目の生理機能によって黒と白、赤とグリーン、ブルーとイエローという反対色がそれぞれ3つの信号に変えられ脳に伝達されるのですが、そこにグリーンも他の色とともに名を連ねているのです。

この4原色のパレットでは、オレンジ色、バイオレット、ターコイズ、ライムグリーンという興味深い4つの2次色が作られます。この結果、例えばターコイズの補色はオレンジ色になり、この補色関係を抑えた色調で表した例はパレット58に見ることができます。4原色のモデルは20世紀になってから詳しく解明され、公式な発表を何度か繰り返した後、スウェーデン・カラー・センター協会の手によって理論的に完成されました。これを同機関が1979年に、NCS（ナチュラル・カラー・システム）の標準規格カラー・アトラスとして発行したのですが、今ではそれが国内工業規格として数カ国で、また塗装産業によっても世界的に採用されています。パレット62には、4原色システムの原色と2次色と3次色（2次色の間）がすべて含まれています。

カラーモデル3も3原色で示したものですが、カラーモデル1の3原色とはまた異なります。なぜなら、ここで取りあげるのは光の3原色と2次色だからです。グリーンと暖かみのある赤とパープル・ブルー、これら光の3原色を混ぜ合わせると白い光になります。一方、赤とイエローと青の塗料を混ぜると黒になることになっていますが、顔料は不完全なものなので実際には暗いブラウンになります。光の2次色もまたおもしろく、ターコイズに似たシアンブルーとマゼンタとイエローができます。中でももっとも奇抜なのが、赤とグリーンの光を混ぜてできるイエローです。2次色は2色の光を加えてできたものなので、より明るいのだということがよく分かります。加法混色のパレットと呼ばれます。

色の選択にあたって裏で魔術を使うのでも、色を混ぜるにあたって錬金術を使うのでもありません。目に見えるスペクトル（つまり虹）の色の中から赤とグリーンとブルーの原色を選ぶのは、私たちの体がそのようにできているからです。私たちが知覚できるのは、電波やガンマ線といった非常に狭い幅の電磁放射で、私たちはこれを可視光線と呼んでいます。目に見えるスペクトルの中のさまざまな色に反応する私たちの網膜には、3種類のセンサーが備わっていて、各々がもっとも感受性を発揮する領域が異なります。ひとつはスペクトルのブルーの領域に対する感受性がもっとも高く、ひとつはグリーンの領域に対して、もうひとつは赤の領域に対しての感受性がもっとも高くなっています。もし私たちが赤外線や紫外線に対する感度のよいセンサーを持っていたら（動物の中にはこれを備えたものもあります）、もっと多くの色を見ることができたでしょう。しかし実際には、私たちに備わっているのは3種類のセンサーと白黒を見分ける視覚だけです。私たちの色の世界はすべて、備わっているセンサーで変わってきます。目に見える色はすべて、センサーの働きがさまざまに組み合わさり、その結果できたものです。このおかげで私たちは、1600万もの色の微細な違いを識別し楽しむことができるのです。

カラーモデル4は、光の2次色であるシアンブルーとマゼンタとイエローを使い、これらの色に逆の働きをさせたものです。つまり、光を通すこの3色のプラスチック・シートがあれば、減法混色による光の原色を作ることができるはずだという理論です。そこで、シアンブルーのプラスチック・シートをマゼンタのプラスチック・シートの上に重ねてみると、輝きは少なくなりますがブルーの光ができるはずです。塗料を混ぜた場合と少々似たような働きをするわけですが、こうした理論上の減法混色の原色シアンブルー、マゼンタ、イエロー全色が重ね合わされると（カラーモデル3とは正反対の）黒になるはずです。しかし、もちろんそうはなりません。着色されたものは光以外はどれもそうですが、着色されたプラスチックも決して100%純粋な色ではないからです。

これと同じことが印刷用インクにも言えます。光を反射する白い紙の上にシアンブルー、マゼンタ、イエローの透明インクを使うことによって書籍や雑誌にフルカラーの写真を再現する近代的な印刷方式は、このモデルに基づくものです。実際には、印刷業者はこの3色の発色をよくするために黒を使ってもおり、その結果できた印刷方式（ある部分では加法混色で、ある部分では減法混色）が、現在世界的に広く普及しているCMYKプロセス印刷法です。

しかしCMYKには、どうしてもつきまとう欠点があります。著しくグリーンが弱く、特にオレンジ色がいつもくすんで濁ったように見えるのは、やはりインクにまつわる技術的な限界があるからです。世界で名だたる色の権威であり、また、グラフィックスおよび印刷業界でもっとも発言力を持つパントン社は、左に示したようにさらに2色（グリーンとオレンジ色）のインクを導入することによって、これらの問題を大幅に解決しました。同社はこの2色をCMYKに加えて、ヘキサクロームという6色カラーのプロセス方式を作ったのです。本書は、一般消費者向けではめったにないヘキサクロームによる印刷の1冊です。この印刷方式はパレットを正確な色で表現するために不可欠であり、また、鮮やかな写真が再現できるというメリットもありました。

pure colours

01 イエロー

このページからは、16グループの色を紹介していきましょう。イエローから始まって、順番に追って行くと色相環を描く色たちです。また、これらの色は、意識的に主観で選んだコレクションになっています。つまり、色の趣や重要性や利便性を決めているのは、私の好みなのです。本書は決して包括的なものではありません。そのようなことをすれば、百科事典級の厚さになってしまいます！

「色」のパレットの後には、グレーのパレット、ブラウンのパレット、薄いニュートラルカラーのパレットと続きます。色調の範囲は型にはめることなく自由に使っていますが、色のレイアウトは説明の必要がないくらい型どおりなものにし、一目で分かるようにしました（p. 176参照）。また、パレットがサブグループに分けられている場合もあります。同じ横列や縦列にある色はすべて同族的な特徴を持っていて、同じ列の色同士を合わせて使うとうまく特徴を生かすことができるのがお分かりいただけると思います。

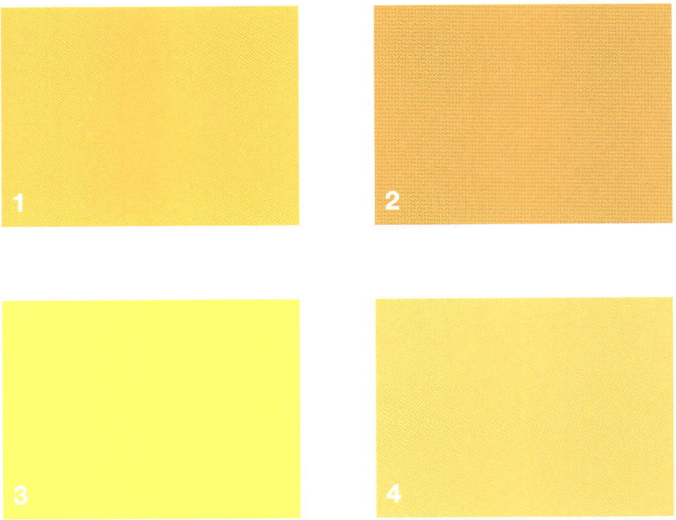

1 濃いクロムイエロー／カドミウムイエローの純粋な色合い。中国のどの時代の皇帝も着ていた黄袍の色—チャイニーズイエローによく似た色です。注意して使うこと。この色は前に浮き出る色で、黒と組み合わせて使うと「危険」を示します。

2 美しく鮮やかなマスタードのようなオーカー。とても便利な色で、特に同じ縦列の色とよく合います。

3 かすかに暖かみの残る、はっきりとしたクールイエロー。フランスの初代皇帝や第2代皇帝の時代に織物によく使われた色で、ドレスデン磁器やマイセン磁器の典型的なイエローでもあります。

4 このイエローがあと少しでも濃ければ、うんざりするような色になっていたでしょう。暖かく明るい色合いだからこそ親しみが持て、威圧的にはならないのです。この色もまた、歴代の中国の黄袍に見られる色です。アレッサンドロ・メンディーニの"黄色のアトリエ"やノーマン・フォスターがドイツのコメルツバンクを建築したときに選んだ色にも似ています。

5 涼しげで薄いプリムローズ・イエロー。光の当て方を間違えるとグリーンに見えてしまうので注意が必要です。

6 カラー5より暗めで、やや緑色を帯びた色。カラー5と6の2色を、このパレットの一番下の列のどの色とでも合わせて使ってみてください。この色もまた、ドレスデン磁器の色合いです。

7 カラー9よりも淡く美しく明るい、少々緑色がかった黄色、新しく生まれた木の葉の色です。下または左の色と一緒に使ってください。

8 暖みのあるバターのような（オレンジ色に近い）クリーム色は、美しいオーカーの明色、より正しく言えばナポリイエローの明色です。このような色なので、北向きの窓から射す日や曇った空の下から射す日のようにブルーに偏った日光の下でも、緑色がかって見えることはまずありません。

9 イエローに少量の黒を加えると、すぐに緑色がかった色になります。グレーを加えた場合は、この色のように親しみのある1950年代風の色調になります。すぐ近くにある色ならどれとでも一緒に使ってください。

10 茫漠たる趣のある色です。グレー・ブラウン・イエロー・グリーン・バフ。この個性の取り合わせによって、用途の広さや利便性のよさが生みだされているのに違いありません。

11 ほとんどグレーに近く、優美で非常にめずらしい色合いで、試してみる価値のある色です。特にカラー10や12とよく合います。

12 薄いクリーム色。ニュートラルですが、少々不思議なグリーンがかった色合いが残っています。月がこんな色をしているときがあります。そのため、アレッサンドロ・メンディーニがこの色につけた名前は"黄色い月"です。

02 イエロー〜オレンジ

1 暖かみのある濃い黄色。生活の中に取り入れるとしっくりくる上質なイエローオーカーです。

2 インディアンイエロー。明るく、澄んだ、暖かみのある色で、カラー3の持つ甘ったるさはまったくありません。

3 この濃い色は、建築工場などで、一般的な安全カラーとしてある程度国際的に使われています。安全を示すために使うとよい色です。

4 レッドティン・イエロー。鉛とすずの黄色です。中世風な色合いの合成顔料で、とても重宝します。カラー3より深く複雑な色で、建築用に適しています。

5 ブラウンの混ざった深いオーカー。深みがあり複雑な色で、金箔の下地に使うとよい色です。

6 ローシェンナの明色。美しく暖かみのあるマニラ/ベージュで、とても便利な装飾塗装用の色です。特に、薄いクリーム色（例えばカラー16）と合わせて、暖かみのある古風な感じに仕上げるとよい色です。

7 暖かく濃密な、まさに1950年代のイエローです。一緒に使うのは、下にある色または左側の3色だけにしてください。

8 熟れたパイナップルの色。元気づけてくれる明色で、このページのくすんだ色と合わせてください。向かいのページの左から4列目にあるイエローと合わせるともっとも効果的です。

9 オレンジ、イエロー、グリーン、ブラウンの混ざった泥のような色。一番上の列の濃厚なイエロー全色を引き立てます。

10 装飾塗装用の色として用途が多く、上の列の色に比べてより暖かみのある明色。砂や薄い色の肌を思わせます。下の列のどの色とも合います。

11 明るく、濃厚な、バターのようなイエロー。クロムイエローの明色、あるいはナポリ・イエロー。

12 1杯のオレンジスカッシュのような、爽やかさを感じさせる色。下の列の8色だけで構成されるパレットの一部として使ってください。

13 マニラ麻のバフ色あるいは古風なバフ色。オレンジがかったローシェンナの明色で、用途の広い装飾用の色です。複雑な色で、特に同じ横列の色や上の列の濃い色とよく合います。

14 わずかにレモン色が入ったオーカーの明色。オレンジスカッシュ（カラー12）との相性が最高によい色です。カラー6や、反対側のページにあるカラー2や4とも試してみてください。

15 カラー14より優しく、くすんだ感じの少ない色です。用途の広いオーカーの明色で、たとえどんな曇り空の下でもグリーンを帯びたようには少しも感じさせません。

16 カラー15と同じ特性を持った、より薄い明色ですが、反射率が格段に高い色合いです。

以下のパレットでは、イエローやイエロー～オレンジがキー・カラーとなっています。

03 オレンジ

1 バーントオレンジ。小麦色に近い色。このページの他の色と合わせて、土の匂いのするディテール・カラーとして使ってください。

2 明るく暖かい、オレンジスカッシュの色。同じ縦列の他の色と合わせて、ディテール・カラーとして試してみてください。

3 濃く純粋な、ミッドオレンジの色合い。

4 深く、濃く、赤に近い色。古代に珍重された顔料、リアルガーの色をより深くした色です。

5 ブラウンよりの、オレンジラッカー塗料の色。同じ横列や下の列の色とならどれと合わせても、キーカラーやディテール・カラーとしてうまく使えます。一番上の列を隠して見るとそれがよく分かります。

6 暖かいアンバーブラウンですが、実際にはオレンジ色を多く含んでいます。ニュートラルに近い色なので使いやすく、このパレットの下半分にある全色と反対側のページの同系色の多くとよく合います。

7 皮革の色であり、ローシェンナ染料の色でもある、美しいアースカラーです。カラー6と10と11とだけ合わせてください。

8 清潔なよく磨かれたピンクの肌の色。少々ブラウンがかっているので、とても使い勝手のよい色です。

9 美しい、天然皮革の色。隣の色や、このパレットの中の素朴なアースカラーと合わせて使ってください。

10 濁ったオーカーまたはローシェンナの少し明るめの色。とても複雑で用途の広い色。上の色や下の色、それに反対のページのカラー8や11と合わせて使ってください。

11 赤っぽく見えますが、元々このページのオレンジと黒のインクでできた色です。とても暖かな色みのアースカラーで、他の色を引き立てます。このページには合う色は、あまりありません。

12 ばら色の肌の色。この1970年代調の感じを出したくない場合には、強い色と合わせてください。

13 上の列の色を薄くした、黄色みの多い色。同じ横列の他の色やカラー10や11と合わせて、キー・カラーとして使ってください。

14 ライトドンキーやマッシュルームなど、さまざまな名前で呼ばれ、装飾塗装用の色として使われる、人気の高い涼しげなベージュグレーです。

15 これがベージュ？　さあ、どうでしょう。まだかなり濃い色です。注意して使うか、もっと薄めの色を選んでください。同じ縦列の色とよく合います。

16 オレンジ色とペールグレーを微妙に混ぜた1色。ニュートラルかブラウンのパレットの色と合わせて使ってください。

04 オレンジ～レッド

1 14世紀以来“サターン・レッド”と呼ばれる赤い鉛の顔料です。

2 くすんだ特徴があり、色相がよく似たカラー1にピンクを多くした色合いで、現代の赤い鉛の顔料と同じ色です。下の列のブラウンがかった赤と合わせて使ってください。

3 たくさんの意味を持った色で、古代の顔料、バーミリオンの一種です。西洋の芸術や装飾塗料によく使われ、中国で使われた色より暖かな色合いをしています。

4 オレンジ-レッドをふんだんに使った暖かなブラウン。質のよい赤鉄鉱（ヘマタイト）からできる顔料の色です。

5 薄いオレンジ・バフ色、またはオレンジ色のけばけばしさのない、肌色のトーンです。下の列のどの色とも合います。

6 赤レンガ色と濃いオレンジ色のあいだの色。浮き出てくる感じの、濃く、暖かな、断固とした色です。

7 カラー6をより親しみやすく泥っぽくした色。赤鉄鉱と鉛丹とバーミリオンの顔料が合流した色合いです。BCCの“赤レンガ色”に似た色で、装飾塗装によく使われます。

8 やわらかでパープルがかった、可憐な“傷ついたピンク”。室内塗料に使うととても便利で、私がよく使う色でもあります。

9.10.11.12　これらのベンガラの明色は、どれも使いやすく、各々違った特徴を持つ強い色です。カラー9はオレンジ色が強く、カラー10は暖かみの少ないパープルっぽい色です。カラー11はピンク色の強いマルス・オレンジの明色で、カラー12はカラー9を薄くした明色です。大まかに見ると、これらの色は色調が同じで、基本となる色の集まりですが、このページのどの色を加えても構いません。

13 この薄いプラスチックピンクは、アール・デコのインテリアやネオクラッシックの天井にふさわしい色です。鉛丹の明色。明るく刺激的な色です。反対側のページの暗めの色を合わせて加減してください。

14 カラー8の明色で、パープルの色みがより濃く出ている、使いやすい色です。オフホワイトや上の列の全色と合います。

15 複雑な薄いピンクベージュ、または暖かな薄いブラウン。オフホワイトと合いますが、このページや反対側のページの色を加減するための調色として使うと、この色の本当の価値が出ます。

16 この色も、アール・デコやネオクラッシックの色です。オリーブ・グリーンや反対側ページの暗めの色、同じ縦列の色、それにカラー15と特によく合います。

以下のパレットでは、オレンジやオレンジ～レッドがキー・カラーとなっています。

17 古代の色（17-40）
18 20世紀初期の色
19 1920年代の色（1-16）
20 ニューヨーク1940年代の色（7-10）
23 1960年代の色彩設計の色
24 もうひとつの1960年代の色彩設計
25 1960年代の家具の色
31 大地の顔料
34 焼いた粘土
35 深海
37 貝殻の色
39 レッド・コーナー、ブルー・コーナー
40 シルクと辰砂とオックス・ブラッド
43 赤とグリーンの物語part 1: レーシング・グリーン
45 赤とグリーンの物語part 3: イタリアン・パンチ
47 自然の染料
48 考古学の色
49 大地の原色
50 北国の光
52 無垢なパウダー・ブルー
53 灼熱の地のブラウンとブルー
54 真新しい白い箱のための色
55 ベジタリアンの原色
57 全体をまとめあげる少量のブラウン
62 今、光り輝くフルカラー
63 虹を織る
64 海辺の強烈なまぶしさ

Coke adds life to...
cool refreshment
FLOUR

05 レッド

1 明るい、赤の真ん中の色合いで“シグナル・レッド”と同じ色。スカーレットや純粋な中間の色合いをしたバーミリオン顔料。

2 ここに印刷された色見本には、カラー1と同じ品質の同じインクが使われ、そこに黒が加えられています。

3 くすんだ、少しピンク色がかった赤。装飾用の色として、また、東洋の漆器の色を思わせる色として使うことができます。

4 赤に黒を加えてできた濃いブラウン。オレンジ色やイエロー、グリーンを加えて色調を和らげることができます。とても使い勝手のよい色です。

5 カラー1の目の覚めるような明色。少々、合成色が強い感がありますが、珍しい、印象的な色です。

6 おもしろい色みのブラウン。明るい光の中では、ほとんど赤かブラウンピンクに近い色に見えます。プラムの落ち着いた色みで、くすんだ印象を与えます。用途の広い色です。

7 少しピンクを帯びた、くすんだクリムゾン。

8 ブラウンとグレーを加えて複雑にしたカラー7のトーン。このページの上段の4色は、同じ分類に入る色です。

9 カラー1の明色。より涼しげな色調ですが、上の色と同じようにストロベリーのような色みがあります。

10 この色もくすんだ濃いピンクで、上のカラー6と下のカラー14のあいだの色です。この色の隣にあるカラー6は正真正銘のブラウンで、カラー14は素朴なピンク色です。カラー10と切り離して、この2色をまわりの色と比べてみてください。

11 この色も磁器の色合いのひとつ“デルフト・ローズ”です。同じ縦列の色と合わせてください。

12 ページのこちら側にある、濃く地味なトーンの青みがかった赤。基本となる調整用の色で、強いピンクや赤と合わせて使います。複雑な色で使い勝手があります。

13 赤みを帯びた色合いなので、このパレットの重要な調整色となっており、特に同じ縦列の色やこのページの他の色と合わせた場合はベージュに見えますが、この色1色だけで見るとピンクのように見えるので注意が必要です。

14 赤くくすんだアースカラー系のピンクで、同じ縦列の4色の中では、キー・カラーとなります。また、この色も単独で見るとまったく違って見えます。

15 カラー9より濃く、無垢な印象があまりないピンクで、少々青みがかっています。同じ横列の3色ととてもよく合います。

16 カラー12のより鮮やかでブルーの色合いを帯びた明色で、とても使い勝手があります。

06 レッド～バイオレット

1 暖かい、赤みのあるマゼンタ。アカネの根で染めたもっとも鮮やかな織物の色で、ローズマダー顔料の色に似ています。“カーマイン”や“カーミン・クラモワジ”（レパートリー社）として、また、アクキ貝から採った紫色の染料で染めた織物の繊細な光の色に似ているとされていたことから“ティリアン・ローズ”（リッジウェイ）としても知られています。これらの名前は、その色が何世紀も尊重され求められてきたことを示しています。この色は、稀に見るすばらしい色です。

2 “パープル・ドゥ・ティル”（レパートリー社）や“ティル紫”と呼ばれることが多く、アクキ貝から採れるもっとも深い色合いとされています。パントン社の“ルービン・レッド”で、濃く力強い色合いをしており、半分パープルで半分ピンクでもあり、まわりにある色と同じようにとても魅惑的な色です。

3 アニリン染料の色マゼンタで、1859年のマゼンタの戦いに由来する名前です。印刷に使われる3色の近代的なプロセス・カラーのひとつとなっています。見たとおり目の覚めるような色合いで、容赦のない断固とした色です。使用には十分注意してください。

4 複雑で、濃い、パープルがかったプラムで、カラー2の暗色です。カラー1とカラー3以外なら、このパレットの他のどの色とでも合わせて、微妙な組み合わせをつくることができます。特に、右側の縦2列の色とよく合います。

5 これもカラー2の暗色で、より青みと硬さのある色です。これを和らげるには、このページの右半分の色ならどの色と合わせてもうまくいきます。

6 モーブ。思ったほど優美な色合いではなく、1856年にウィリアム・ヘンリー・パーキンスによって発見された鮮やかな染料の色です。これが最初の、やや色あせしやすいコールタール（アニリン）染料で、服地の流行色としてすぐに受け入れられ、“モーブの10年”を生み出しました。リバイバルの兆しがあります。

7 カラー5の、もっとプラムがかったブルーを帯びた色。このパレットのキー・カラーで、他の色と個別に合わせることも、ひとつのグループの一部として使うこともできます。

8 暖かな強いピンクですが、マゼンタが多く含まれています。カラー1を少々暗めにした明色で、カラー1とよく合います。また、同じ縦列の色だけひとつのグループにまとめて、その一部として使ってみてください。

9,10,11,12,13,14,15,16 ピンクのグループで、ここにはブルーがかって涼しげな、さまざまな色合いが揃っています。共通の特徴としては、どれも1930年代と40年代を思わせる色で、ひとつのパレットとして総合的な特徴を持つ一方、各色で異なる特徴も併せ持っています。カラー11と12は特に複雑な色で、一緒に使うとよく合います。また、カラー14も非常に微妙な色です。

以下のパレットでは、レッドやレッド〜バイオレットがキー・カラーとなっています。

07 バイオレット

1 コバルト・バイオレット染料（リン酸コバルト）の色で、1859年以来使われている名前です。マゼンタが注ぎこまれた強烈なパープルで、同じ横列の色とも同じ縦列の色ともよく合います。

2 赤みがかったパープル。これも強烈な色で、マゼンタの色みがあります。このパレットのどの色と使ってもよく合います。鉱物のマンガンの色、バイオレット。

3 ブルーやマゼンタをまったく含まないものがあるとしたら、それはパープル。スペクトルのバイオレットに非常に近い色です。カラー2より特殊で、扱いの難しい色です。

4 パープルは、パレットの中の重要な色として、特にグレーやブラウンやその両方を使って色を和らげた場合などが本書によく登場します。このようにして、陰影をつけたり色調を変えたりした場合、パープルは傷んだような陰気な色に見えますが、そこがまたおもしろみのある複雑な特質でもあります。この色とカラー12は、パープルがどんなに魅力的にあいまいさを出せるかを示しています。

5 パープル・グレー。戸惑わせるような名前ですが、そんな色ではありません。特に、色を多く使った複雑なパレットでは、使いやすい強い色です。

6 濃いライラック色。純粋でストレートな色です。同じ横列または下の列の色と組み合わせて使ってください。

7 魅力的なブルーがかったパープルの明色で、濃くもくすんでもいない色です。何世紀かにわたってフランス王太子と関わりのあった色の明色です。

8,9,10 この3色はみなライラックの明色で、さまざまに純度が異なります。カラー10がもっとも複雑な色です。

11 濃いラベンダー・ブルー。紫色とブルーのちょうど境目にある色なので、その時々に優勢な光の状態によって特徴が変わります。

12 涼しげなニュートラル・カラーは、それ自体とても使い勝手がありますが、このページのどの色ともよく合います。微妙な色合い。

13 これもライラックの色合いのひとつですが、カラー10より少々青みが強く複雑な色です。

14 カラー13よりずっとグレーみの強い色。美しく珍しい装飾用の色で、このページのどの色とでも合う、使いやすい半ばニュートラルな色です。

15 パウダリー・ラベンダーのブルー・バイオレット。

16 もっとも薄いグレー・ライラック。同じ縦列の色の一部として、または横列の一部や、このパレットの下半分の一部として使ってみてください。

08 バイオレット～ブルー

1 はっきりとした、明るい、赤みを帯びたバイオレット。太陽の下では鮮明に見え、室内では重く陰鬱に見えます。

2 カラー1より濃い、ウルトラマリンブルーの顔料の色。非常に深みのある清らかな色です。

3 明るく、パープルの色みが少ないウルトラマリンの色合いで、ギリシャなどで建築に使われたディテール・カラーに近い色。

4 インディゴで染めた綿の色。濃いけれど使いやすく、眠りに誘うようなバイオレット・ブルーの色調です。キー・カラーとして使って、このページの色、特に同じ横列や下の色と合わせて使ってください。

5 暖かく、グレーを帯びたバイオレット。カラー1が気に入った場合は、この色は室内に使うとよい色です。このページの全色と、両ページの下の方の列にある色は、ある意味、その希薄さ（空や空気を思わせる）で選ばれています。

6 赤みを帯びたウルトラマリンブルーの美しく暖かな色合い。夜の青空の天空を思わせる、濃い色です。

7 カラー4により趣を持たせ、カラー8をより毅然とさせ活動的にした色。

8 この色もまた、インディゴや大青染料の色です。

9 カラー5の明色。暗い感じが少なく、複雑で、生き生きとした感じが少し増した色合いです。

10 上の色より使いやすい明色。複雑で暖かな色。おそらく、このページの中で一番用途の広い色です。

11 カラー7に軽快な奥行きをたっぷりと与えた明色。十分にグレーみを帯びていて、おもしろい色になっています。

12 この優美なグレイッシュブラウン・パープルとその下の色は、次のパレットに入れてもよい色ですが、実際には、わずかながら暖かみがありすぎます。とても複雑で、見る者の期待を満たす、用途の広い装飾塗装用の色です。

13 この色は、パープルへとつながる色です。グレーとブルーがかったバイオレットをうまく混ぜた色で、ノーマン・フォスターがスタンフォード大学にある彼のリサーチ・センターにこの色を使って以来、建築用の色としてまさに大当たりした色です。

14 美しいパウダリーな、カラー10の明色です。カラー10と同じように、グレーのおかげで気取った感じから免れています。

15 グレーみを帯びることなく、ブルーとして限りなく薄い（それでもまだ暖かい色みに見える）色合いです。美しいけれども、少々醒めた色です。

16 青みを帯びた薄いライラック。涼しげな、大気の希薄さを感じさせる特徴があります。優美で洗練された色です。

以下のパレットでは、バイオレットやバイオレット～ブルーがキー・カラーとなっています。

09 ブルー

1 深く、まろやかな、力強いブルー。室内では出すぎた感じになりますが、屋外で使うと積極的な印象のしゃれた色になります。

2 コバルトブルーの顔料の色。赤やオレンジ色に偏らない、ブルーの真ん中の色です。魅惑的で、まだ十分に使われていない、非常に純粋な色合いです。夏の高い空を思わせます。

3 カラー2より少し暗く、より涼しげでしつこさが少ない色。

4 このブルーは濃い暗色で、控えめで少々漠然とした色です。"ソフトブラック"の一種として外装に使われいることが多く、玄関の扉によく合う色です。向かいのページの寒色と合わせて使ってみてください。

5 濃い、ミルキーな明色。赤みを帯びた色で、前に出でくるような感じもあせた感じもしない、空気のように漂う色です。

6 純粋なコバルトの明色。上の色と同じようにさわやかな色調ですが、より用途が広く天空を思わせる色合いです。下にある全色、あるいは何色かと合わせてみてください。

7 シアン・ブルーへと変わるブルー。クールでパワフル。同じ縦列の色と合わせてディテール・カラーとして使うと、生き生きとして鮮やかな印象になります。

8 上の色の薄い明色。心地よく暖かなグレーの色合いで、このページのどの色の背景色として使ってもよい色です。装飾用の美しい色です。

9 濃い、ミルキーな、バイオレット・ブルー。涼しげな薄いブルーには似ず沈んだ色には見えないため、少々甘ったるい感じを与えます。華麗な色です。

10 非常に奥行きを感じさせる、美しく深いスカイブルー。広い空間を思わせます。このページの下半分にある色が、どれほど空気のような希薄な特徴を持っているか見てください。

11 明るいけれど、くすんだ、中間に立つ色調のブルー。コバルトの明色で、そのため純粋で清潔なブルーです。

12 ウルトラマリンブルーの明色。深みも質も申し分のない装飾用の色です。同じ横列の色はどれとでも合い、前のパレット"バイオレット～ブルー"ともよく合います。

13 優美で、涼しげで、薄い色合い。同じ横列のすべての色と合わせてみてください。

14 これも純潔なブルーですが、カラー11よりも澄んでいて、はるかに青みの強い色です。非常に上品な色です。

15 カラー14を煙らせた色で、より輪郭がはっきりし、ずっと複雑な色です。室内に使うとよく合う色です。

16 薄く、グレーがかっており、わずかにバイオレットを帯びています。この色合いは、同じ縦列か横列、またはパレット8の色と組み合わせ、背景の色として使うとよく合います。

10 シアンブルー

1 深いマリンブルーです。このページにあるほとんどの色をうまく引き立て、また濃いグリーンともよく合います。他の色が複雑に混ざったアジュライトの色です。

2 シアン・ブルー。フルカラーの石版刷りで使う現代的な印刷用の色です。鮮やかで断固とした色ですが、それは、マゼンタとイエローと同じように、目の中にある3つの色の受容体のうち2つを刺激してできる光の2次色だからです。

3 濃いポーセレンブルー。中東や東洋の陶磁器を思わせる、カラー2をより複雑にした色です。もっと取り入れられてもよい色で、特に屋外で使うとよく合います。

4 カラー3に黒を加えた、石油で黒くしたような硬質の暗色。1960年代の終わり頃、車の色として人気がありました。

5 涼しげなブルー・グレー。このページの他の色とは違い、グリーンは含んでいません。このページや向かいのページの色や、薄いオーカーなどのアースカラーと合わせると、とても用途の広がる色です。

6 暮らしの中に取り入れるのはそう簡単ではありませんが、目立つ、はっきりとした色です。ここにあるようなほのかなブルーをまわりに配して使うと効果的です。

7,11,15 優美なブルー・グレー・グリーンに白を加えた3種類の色調。光の加減によってどれも微妙に特徴が変わる、複雑でつかみどころのない色です。私たちの色記憶（確かにこんな色だと確信する脳の能力）を拒む、ブルーとグリーンとの境目に立つカスプ・カラーで、直射日光の下や曇でかげったときやタングステン電球の下など、受ける光によってさまざまに違って見えます。カラー11は、より澄んだ少々グリーンの色みが多い色です。

8 上のカラー4より無難な、暗さの少ない明色です。下の色と同じように、同じ横列か下の列の色と合わせてディテール・カラーとして使えるおもしろみのある色調です。

9,13 澄んだグリーンがかったブルーの明色2色。とても使いやすく、このパレットの下半分の色の特徴を引き立てるための重要な色です。カラー13は非の打ちどころのない優美な色で、これを私はキッチンに使っています。

10 くすんだ明色に比べて、まだ色めきたった印象を与える色です。陶磁器の色のようにも見え、どこか18世紀の雰囲気もあります。強いけれど、使いやすい色です。

12,16 このページの中で、水のようなガラスのような印象をもっとも与える色。カラー16は特に装飾に使いやすい色です。一方、カラー12は少々硬く、カラー8と合わせて調整するために使うとよい色です。

14 薄いダック・エッグ・ブルー。優美で少々冷ややかな色です。

以下のパレットでは、ブルーやシアンブルーがキー・カラーとなっています。

17 古代の色（9-16）
18 20世紀初期の色
19 1920年代の色（1-12と17-22）
20 ニューヨーク1940年代の色
24 もうひとつの1960年代の色彩設計
25 1960年代の家具の色
26 霞
27 北の伝説
28 海の風景
35 深海
36 小石の色
39 レッド・コーナー、ブルー・コーナー
41 一流、名門の
42 50年代ファッション
48 考古学の色
49 大地の原色
50 北国の光
52 無垢なパウダー・ブルー
53 灼熱の地のブラウンとブルー
57 全体をまとめあげる少量のブラウン
59 薄いガーゼを透かして見る
60 ブルーの冒険
62 今、光り輝くフルカラー
63 虹を織る
64 海辺の強烈なまぶしさ

11 ターコイズ

1 ターコイズブルー。このページの左側の色と合わせて、ディテール・カラーとして使ってください。

2 ターコイズはグリーンに向かう色なので、暗めに見えます。下の横3列のどの色とでも合います。

3 硬質なブルーがかったグリーン。左側のブルー系の明色と合わせてディテール・カラーとして使い、合成色くささを和らげてください。

4 濃い木の葉の色。カラー3より合成色くささが少ない。ここにある多くの他の色と同じように、海を思わせる色です。

5 ペトロールブルー。グレーのトーンのターコイズで、最新の色といった印象には欠けますが、それだけにより使い勝手があります。暗い水中のような力強い色です。

6 ヒスイ色。カラー5より使いやすく優美な、グリーンへと向かう色。この色は、一番上の列にある色と合わせて使った場合に特にくすんだように見えます。

7 同じ横列の色だけから成るパレットの主調色として使ってください。

8 この濃く、つかみどころのないブルー・グレー・グリーンは、カスプ（ある色から他の色への変化の発端を示す点）にある色です。さまざまな光の状態によって、その性質を変える色です。同じ横列の色と一緒に主調色として使ってください。

9 硬質で冷たく、合成した色という印象を与えるターコイズの明色。爽快な気分にさせてくれる澄んだ色です。

10 いかにも歴史的な感じの、少々ブラウンがかった色調です。このページのどの色とでも合い、それらを混ぜた色ならどんな色でも引き立てます。複雑で深い色です。

11 1920年代に人気のあった優美で繊細な色で、澄んだミントカラーの入ったグリーン。右側の列の色と合わせて元気を与えてください。

12 カラー8の明色で、より使いやすい色。このページの色と合わせて、中心となる色や主調色として使ってください。カスプ・カラーです。

13 とても用途の広い、ブラウンがかった薄いターコイズで、少々つかみどころのないソフトな効果を出すことができます。このページの下半分の色と合わせて使ってください。

14 上の色の明色。優美で、色あせのない、わずかにグリーンがかった薄いグレー・ブルー。色々な味があり、右隣の色や右側の列の色とならどれとでもよく合います。

15 カラー7より冷たくほのかな色合いのミントグリーン。右側の縦列や一番下の横列の色と合わせて使ってください。

16 ほのかで、洗いざらしたような雰囲気の色。灰色の海の色です。強めの色と使うと、どんよりとしたかすんだ色になります。

12 グリーン

1 少々青みがあり、合成された色という感のあるエメラルドグリーン。向かいのページの色と合わせて少量だけ使ってください。

2 純粋で鮮明な色合いのグリーン。エメラルドグリーンの顔料の色です。

3 黒をたっぷりと含んだ深いグリーンなので、親しみやすい色になっています。しかし、この色調が持つ快活さは残っています。

4 深いトーン。屋外に使うとよく合うブロンズグリーンです。テールベルトの色で、酸化クロムの顔料。

5 このページの中で、もっとも複雑な色。海の色に近く、下の2色とよく合います。

6 カラー5をより鮮明にした、濃く魅力的な色。ブルーがかっていて、合成の色のような印象を与えますが、緑青《ろくしょう》のもっとも深い色です。

7 カラー3のくすんだ明色で、草を思わせます。グレーを含んでいるので、オレンジや赤など他の強い色を調整する、使いやすく適度に強いグリーンです。

8 明るい “ナイルの水”。ナイル川の水がこの色をしているため、つけられた名前です。抑えた色めのミルキーカラーです。

9 ブルーとグリーンの境目にある色で、光の色の変化に影響を受けるカスプ・カラーです。このページの薄い色を何色合わせても、その中のキー・カラーとなります。

10 美しい、緑青の真ん中の色です。鮮やかで澄んでいて、1820年代や1920年代の東洋のインテリアを思わせる色です。

11 薄く、つかみどころのない色、ブロンズグリーン。これも装飾に向いた色で、テールベルトの明色です。

12 非常にほのかでミルキーな明色で、グレーに近い色。控えめで上品な色です。

13 粉っぽく薄い緑青。青みがあり、グレーがかってもいます。とても使い勝手のある色で、多くの歴史的なグリーンや北欧のグリーンに似ています。カスプ・カラーです。

14 カラー12をもっと明るくグリーンにした色。ほのかなグリーン・ブルーで、壁の色にするとよい色です。カスプ・カラーで、合う色の多いとても柔軟性のある地色です。

15 優美で少々イエローがかった色。よき1920年代の薄い、豆ざや船の色です。

16 イエローが少し含まれていて暖かみのあるグリーン・グレー。深くとらえどころがない色合いのため、とても使いやすくなっています。

以下のパレットでは、ターコイズやグリーンがキー・カラーとなっています。

13 グリーン〜イエロー

1 この鮮やかな色合いは、グリーンがはっきりとイエローに偏ってしまう前の澄んだ明るさです。

2 草や木の葉の美しいグリーンで、特に右下の薄い色とよく合います。

3 ライムグリーンの上手な使い方は、暗さを加えて調整することですが、くすませることが目的ではありません。この暗色は用途が広いので、よく市販の織物染色や印刷に使われています。

4 苔の色あるいは明るいオリーブ。明るいグリーンと合わせるとブラウンのように見えるので、これらの色を使った色彩設計の調整に利用することができます。

5 この色は、イエローを多く含んでいるのに少しブルーでぼかしたように見えるためおもしろく、まわりの明るい色と合わせるとキー・カラーになります。

6 ライムグリーンとグリーンの間をさまよう、春の木の葉の色です。まわりの色すべてとよく合い、特に同じ縦列の色と一緒に使うとよく合う色です。

7 この色は、もっとも強い色合いの、非常に美しいライムグリーンです。ただし、蛍光色の場合の方がより鮮やかに見えます。1990年代後半に人気のあった装飾カラーです。

8 カラー4の明色で、カラー4よりはるかに晴れやかな印象を与える複雑な混色で、とても用途の広い色です。カラー2や3や7などの明るいグリーンと合わせて使ってください。

9 グリーンを作るために大青染料で染め、さらに黄花モクセイソウから採った染料で上染めした鮮やかな色です。

10 用途が広く微妙なグリーンで、ある種の強さが残っています。下にあるようなニュートラルなパレットの中で、キーカラーとして使ってください。

11 ほとんどクリーミー・グレーに近い色と言ってよい色合いです。このとらえどころのないグリーンは、柔軟性のある装飾カラーです。オフホワイトやこのパレットの中の色調が柔らかな部分の色と合わせて使ってください。

12 リアルな時代感覚のある明るいオリーブ。左の色や下の色と合わせて使ってください。

13 20世紀初めに人気のあった色で、“ナイルの水”という名のくすんだ明色。

14 とても澄んだ色で、積極的な印象を与える1920年代の色。上の色や左右の色など、強い色と一緒に使って調整してください。

15 カラー14の、よりブルーがかった色で、ずっと便利な色。

16 グリーンを帯びたグレーには新鮮さもあるけれど、アンティークな感じが残ります。現代的な色彩設計で彩り“ナチュラル”な素材と合わせるとうまく仕上がります。

以下のパレットでは、グリーン～イエローがキー・カラーとなっています。

18 20世紀初期の色
19 1920年代の色（17-22）
20 ニューヨーク1940年代の色
21 1950年代の色彩設計の色
22 1950年代の色彩設計の色Ⅱ
27 北の伝説
32 カラハリ砂漠の失われた色
46 赤とグリーンの物語part 4: フレンチ・ピンク
47 自然の染料
55 ベジタリアンの原色
56 ブラウンとクリーム色の重要性
62 今、光り輝くフルカラー

14 グレー

あなたはそうは思わないかもしれませんが、グレーはとても利用価値の高い色です。特に、陰影の強い色に加えてやるには最適の色です。これは、特に装飾用の色について言えることです。試しに、お手持ちの塗料を混ぜてみてください。そうすれば、色をより和らげたり生き生きさせたりするためには、最後に必ずグレーを少々加えなければならなくなるはずです。これは、昔から芸術家が色に生気を与え、合成色くささを減らすために使ってきた、色に補色を加える技術をまねているのです。

1,5,9,13 最初の縦列にある4色は、黒インクの強さのバリエーションを印刷して示したものです。こうしてできるグレーは明らかに、本書で使われる紙の色によって変わってきますが、一般的には暖かさも冷たさもないニュートラルな色です。白と黒の染料（特に植物炭末色素）を混ぜると、青みを帯びた明色ができます。実際18世紀には、バインブラック（葡萄黒）と白い水性塗料を混ぜて薄いブルーを作っていました。比べてみると、カラー13の方が明らかに暖かな色合いで、第一次世界大戦のときに使われた濃いバトルシップ・グレー（戦艦グレー）と同じ種類の色です。

2,6 これらも黒の明色ですが、カラー6にはいくぶんブルーが含まれています。このくすぶった色は、ノーマン・フォスターが東京のセンチュリータワーの塗装に使った色です。

3,7,10,11,14,15 カラー10と14はどちらもグリーンを帯びていて、渋い味のあるグレーになっている一方、3つ目の縦列のカラー3 ,7,11,15にはどれも暖かみのある赤が含まれています。深いトーンのカラー15はほとんどブラウンに近い色合いで、スウェードのようなくすんだ色をしています。カラー11もまだブラウンに見えますが、カラー3と7の2色の明色は光の具合によっては暖かいグレーに見えたり淡い黄褐色に見えたりと、まったくとらえどころのない特徴を持っています。

4,8,12,16 最後の縦列は、ローアンバーと白を混ぜてできた、ブラウンがかったグレーです。カラー12はおそらくこのページの中でもっとも美しい色で、用途の広い装飾用の色でもあります。カラー4と8は、年代的な色合いを出した装飾のための優れた、黒ずんだオフホワイトです。他の強い色と合わせた場合にこれらの色がどんなに白く見えたとしても、その効果はあなどれません。

以下のパレットでは、グレーがキー・カラーとなっています。

17 古代の色（17-40）
18 20世紀初期の色
19 1920年代の色（17-22）
20 ニューヨーク1940年代の色
22 1950年代の色彩設計の色Ⅱ
28 海の風景
30 石切り場の色
37 貝殻の色
48 考古学の色
50 北国の光
52 無垢なパウダー・ブルー

15 ブラウン

グレーを加えると色が和らぎ、ブラウンを加えるとより柔軟でくすんだ色になります。各々のブラウンは、赤、グリーン、オレンジ、イエローへと偏った色合いです。もっとも落ち着いた色は、赤やグリーンを含んだ色です。おもしろみのあるのは、オレンジとイエローへの偏りを併せ持った色合いです。

1 黄褐色。半分オレンジで半分ブラウンの色合い。東洋で発祥。

2 濃く赤い酸化鉄のパープルを帯びた色合い。

3 バーントシェンナの澄んだ明色。濃く美しいプラスターピンク。

4 パープルがかったブラウンは、白やグレーと混ぜると、とらえどころのない美しく明色になります。これが濃くなっても、微妙にくすんだ色合いになります。

5 趣のあるブラウン。見たところ冷たい感じがしますが、この色にはピンクとオレンジとオリーブ・グリーンがいくぶん含まれ、なかなかうまい構成になっています。

6 濃いレッド・オーカーの色で、白を混ぜるとほのかなストロベリー・ピンクになる色合いです。

7 この暖かみのあるドンキー・ブラウンは、カラー5とよく合います。微妙で成熟した色合いで、美しい装飾カラーになります。

8 カラー11の明色で、イエローがより多く含まれています。力強く美しい装飾カラーのひとつです。

9 熱く濃いオーカー、ローシェンナ。

10 美しい赤レンガ色。

11 グリーンがかった乾いた印象の、明るいローアンバー。他の色に加えたり、白に色みを加えたり、釉やワックスに混ぜたりと、おそらくもっとも用途の広いブラウンでしょう。

12 可愛らしく薄いココア色または栗色で、カラー5や7と合わせると効果的な色です。

13 濃いローシェンナに似たイエロー・オレンジ・ブラウン。オレンジ色やグリーンとよく合います。

14 カラー6より冷たく、バーントシェンナによく似た色なので、カラー3とよく合います。酸化鉄から採れる古代からの顔料のひとつ。

15 濃いローアンバー。とてもグリーンがかっており、カーキ・グリーンやオリーブに近い色です。

16 これも複雑なブラウンで、イエローとオレンジが混ざっていますが、冷たい感じに見えます。力強い色です。

以下のパレットでは、ブラウンがキー・カラーとなっています。

17 古代の色（17-40）
18 20世紀初期の色
19 1920年代の色（1-12）
29 野原と森
30 石切り場の色
31 大地の顔料（9-24）
32 カラハリ砂漠の失われた色
33 年月を経てくすんだ色
34 焼いた粘土
37 貝殻の色
38 水と風：東洋のエレメント
40 シルクと辰砂とオックス・ブラッド
50 北国の光
51 チョコレート・アイスクリーム・サンデー
54 真新しい白い箱のための色
55 ベジタリアンの原色
56 ブラウンとクリーム色の重要性

16 ニュートラル

ニュートラルのパレットは、見当違いだとか、すでに流行遅れだといった印象を与えるかもしれませんが、実際これらの色は、理解するのが非常に難しいことが多いものです。問題は、本当にニュートラルな色を作ろうとするときに起こるのですが、これは何ものにも束縛されない素朴さを持った顔料を正しく選んだかどうかにかかってきます。インテリアや人間の環境のほとんどがかなりの量のグレー・ブラウンの陰影であり、私たちの暮らす場所には広く暖かな光が照らされ、石や木、皮、セメントなど暖かな色合いの自然素材でできた家具が多く配されているのを考えると、そうした設定で使われるニュートラル・カラーは、暖かな色である必要があることが多いことになります。この便利なパレットは、ローアンバーやバーントアーバンやローシェンナなど、古代の天然土性顔料を混ぜてできたものです。これらは、なくてはならない色なのです。

1 優美な薄いベージュは、壁の色に向いています。暖かみがあり、羊皮紙のような色です。

2 砂のような深いベージュ。複雑で暖かみのある色です。前に浮き出てくるような色なので、プライベートな部屋によく合います。また、家具などに塗る塗料やつや出しとして使って、暖かでアンティークな感じに仕上げるのによい色です。

3 カラー1や2や4よりは涼しげな色です。濃い赤やブラウンとよく合う、暖かみのある優れたオフホワイトです。

4 ミッド・ベージュ。カラー1と2の中間の色です。砂のような色が下地になった、くっきりとした使いやすい壁用の色です。

5 くすみのある、美しいオフホワイト。由緒ある趣のインテリアに合う色です。アンバーの色みを帯びています。

6 パープルの色みを帯びた、カラー5より暖かなオフホワイト。深く暖かな色彩設計によく合う色です。

7 暖かみのあるアンバーグレー。アンティークな感じを出すのに優れた、砂ぼこりを思わせる色です。

8 暗いコンクリートを連想させる、クールなアンバーグレー。壁に使うとすばらしく、また力強い色でもあります。

9 印刷では限界があり、実際の淡い色を正確に再現することが難しいのですが、ここではもっとも優美なオフホワイト。暖かみがあり、少々昔風に見える色です。

10 白の中で一番濁った色とアンバーグレーのあいだの色合い。壁に使うととてもよく合う色ですが、この色を"マッシュルーム"だと思うと、たぶん魅力は半減するでしょう。

11 カラー7よりクールな色で、白とローアンバーからできた優れたグレーです。そのため、とても親しみやすく、垢抜けた、使い勝手のある色です。コンクリートの色。

12 アンバーの深い明色。このページにある多くの色見本と同じように、スウェードや石や毛皮を思わせます。豪華な雰囲気のある色です。

以下のパレットでは、ニュートラルな色合いがキー・カラーとなっています。

17 古代の色（17-40）
20 ニューヨーク1940年代の色
27 北の伝説
31 大地の顔料（9-24）
32 カラハリ砂漠の失われた色
36 小石の色
37 貝殻の色
38 水と風：東洋のエレメント
44 赤とグリーンの物語part 2: イングリッシュ・チンズ
50 北国の光
53 灼熱の地のブラウンとブルー
59 薄いガーゼを透かして見る

period colours

17 古代の色

上：スカンセンはスウェーデンにある博物館村で、さまざまな時代と様式の家や小屋が国中の各地から移築されています。このインテリアもその中のひとつで、これはグリーンで描く芸術のエッセイです。イエローを帯びたグリーンとブルーを帯びたグリーンが組み合わされた様子をよくごらんください。

このパレットは、グレーのビューアーでごらんください。

1 黒に近い、深いグリーン。18世紀に手すりやフェンスの塗料として広く使われ、そのため“レーリング・グリーン”(手すりの緑色)という名前がつけられています。うっそうと茂った木の葉の影には負けてしまう色です。

これらの色の多くは、ブルーがかったグリーンです。実際、これらの色がどれほど鮮やかに見えるのか、そしてイエローがかった輝きを持つグリーンが当時どれほど少なかったかは興味が引かれるところです。

2 時代色の濃い、暖かで、どんよりとしたグリーン。この色に、よりブルーを帯びさせた色は、ニューポート、ロードアイランドのトリニティー教会のウッドワーク(木造の家具調度品や家の一部)に見られ、プルシアンブルーと緑青と鉛白から作られていました。

3 “ミネラル・グリーン”と呼ばれる色で、この名前はよく、鉱物の顔料マラカイトを連想させますが、おそらくこの色は、加工された塩化銅、ブランズウィック・グリーンから作られています。

4 カラー2のよりグレーを帯びた明色で、より優美なアンティーク調の色です。複雑でとても使いやすい色です。

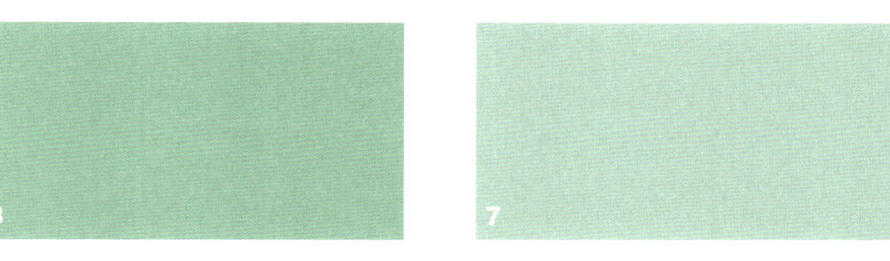

5 ヨーロッパ中で使われた色。使いやすく、イエロー・オーカーを使って作られた暖かなグリーンです。

6 “岩緑青”として知られる顔料の明色。ブルーの岩群青よりはるかに容易に作られていました(次ページを参考)。深いミンティ・グリーンです。

7 “ピー・グリーン”としてよく知られる色。ニュージャージー、トレントンのウィリアム・トレント・ハウス(1719年)のウッドワークに使われた色に似ています。

8 カラー6の明色。素晴らしい輝きを持った、澄んだ純粋な色です。1930年代や1830年代や1730年代のインテリアを思わせます。

自分の家が博物館のように見えることがないよう、しっくりとくる年代色を選ぶまでには、深い心の傷を果てしなく負わなければならないのでしょうか？　あなたの場合はいかがですか？　まず、神話を消し去ることから始めましょう。歴史観のある色に対するおおかたの見方は、ほとんどの場合、古い建造物を訪れたり年代物のインテリアの塗装を見て感化された考え方で、“昔の室内装飾はくすんで黒ずんでおり、耐えられないほど薄暗い”というものです。

こう認識するのは主に、多くの塗料が劣化し経年とともに色あせているからであり、また一部には、歴史的なものと思われる黒ずみが塗装全体に急激に広がっているからでもあります。

けれども事実は少々異なります。私たちの先祖は色を愛していましたが、昔は余裕のある人にだけしか鮮やかな色は手に入れることができませんでした。そこには、19世紀の終わりまでは鮮やかな顔料がどれほど高価であったか、また、色彩設計が身分によってどれほど異なっていたかを物語る現実があるのです。

40色からなるこのパレットにはすべて、カラーリストであり歴史家でもあるパトリック・ベイティによる調査と認証がなされています。またなかには、安価な顔料で作った、人気のある一般的な色も何色か含まれており、中程度の価格帯の色も相当数含まれていますが、どれもみな18世紀と19世紀初期の色です。これらの色の多くはヨーロッパやアメリカ中で使われました。その多くは昔人気があった色で、今なお人気が高い色も多数あります。

17 古代の色

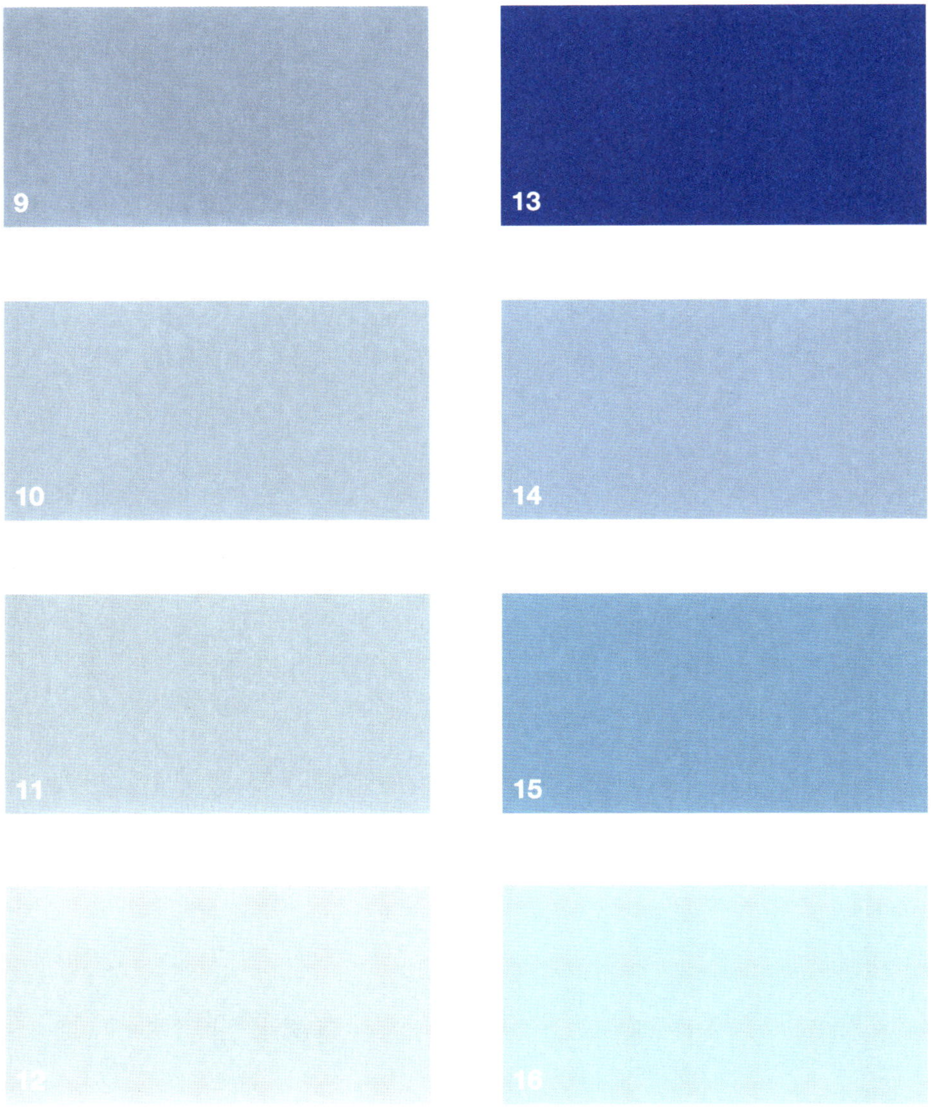

9,10,11,12 これらはブルーとグレーのあいだの色で、その魅力はなんといっても、そのおぼろげな感じにあります。カラー9と10と11は、同じくブルーがかったグレーの明色で、植物を焼いて作ったカーボン・ブラックと白の塗料を混ぜて簡単に作ることができます。焼いたブドウの木からは、非常に美しいブルーが採れます。カラー12の特徴は、優美で鋼のような冷たさが少ない点です。このような冷たい優美さが、これらの色の用途を非常に広くしているのです。

13 コバルトのガラス・フリットの色。ユニークな使い方ができます。まだ乾いていない油性塗料の上に散らして、濃いきらめくブルーを作るのです。特に金属細工の上に散らすときれいに輝きます。“スマルト・ブルー”と呼ばれる色です。現代的なウルトラマリンブルーの顔料からできる色です。

14,15,16 これらの色は、高く評価されている澄んだブルーで、岩群青から採った色です。銀を精錬する際に副産物としてできるこの顔料の製法は、17世紀にイギリスで完成され、“フェアリー・ブルー”として壁に塗る油性塗料や水性塗料に広く使われました。しかしのちに、プルシアン・ブルーや合成顔料のウルトラマリンに取って代わられました。カラー14は、フィラデルフィアのインデペンデンス・ホール（1732-48）のウッドワークに見られる色によく似ています。カラー15は“岩群青”、カラー16は“スカイ・ブルー”と呼ばれることもあります。これは、メリーランド州アナポリスにある1730年代のチャールズ・キャロルの家に見られる色をより明るくした色です。これら3色はみな非常に使い勝手があり、特に、左側にあるグレーを帯びた色見本とよく合います。

このセクションの色見本は典型的で、非常に複雑な色である場合が多いこれらの色の正確なニュアンスをすべて伝えることは不可能です。また、絶対的なものとしてではなく、さまざまな色合いの段階の中の1段と理解すべきです。したがって、どの場合にも、明るすぎたり暗すぎたりすることがあったとしても、それは認められる範囲だと考えてください。これらの色は塗料として入手することができます。177ページからのパレットの由来に関する解説を参照ください。また、20世紀初期の色パレット18と1920年代の色パレット19も参考にしてください。

このパレットは、グレーのビューアーでごらんください。

上：より複雑なパレットの一部として使うと、ブルーが生きてきます。晩年のデニス・シェバーズは、ここに示したように、ロンドンのスピタルフィールズにある家（博物館）の色を精密に操っていました。このパレットではアースカラーにブルーを合わせていますが、ピンクを合わせた例については、パレット50北国の光をごらんください。

17 古代の色

17,18,19,20 カラー17,18,19,20は、オークルやシェンナのアースカラーがさまざまに発色して、美しく複雑なクリーム色やストーン・カラーを生みだしたものです。多くのバリエーションがあります。カラー17は“ローマン・オーカー”と呼ばれる色で、イエローがかったのは“スプルース・オーカー”、濁った色は“オーク”や“ウェインスコット・カラー”と呼ばれました。カラー18は微妙なバランスのレモン色の明色で、涼しげで用途の広い、特に南向きの部屋に使うとよく合う色です。カラー19は“ダッチ・ピンク”と呼ばれる色です。これは、17世紀半ばの“ピンク”ということばに由来するもので、ピンクは当時は植物染料レーキから作られる特定のイエローを示すために使われていました。“レーキ”は赤い有機顔料のことを指し、“ピンク”は、黄色の顔料のことを指すことが多かったのです。それ以前には、“とても小さなもの”を示すことばでした。おそらく、小さいという意味の昔のオランダ語“pinck”に由来するものと思われます。また、“ピンク”は18世紀には、完璧の極みという意味も持っていました。1670年代にスミスは、この色を“ピンキー・イエロー”と呼びました。カラー20は、イエロー・オーカーと白で作ったクラッシックなクリーム色です。暖かくきれいで、北向きの部屋にもよく合う色です。

21,22,23,24 カラー21から24は、暖かなグレーと鋼のような冷たいブルーで、きらめく銀と曇った銀とを思わせます。ローアンバーと白とブルーでできたこれらの明色の優美さを高めるには、両側の縦列の色を曇らせると効果的です。

25,26,27,28 色見本25から28は、レッド・オーカーのようにふつうの赤鉄鉱の酸化鉄から作ることのできる典型的な明色を示しています。アースカラーのイエローやストーンカラーやブラウンと同じように、これらの色も安価で平凡な色です。

29,30,31,32 カラー29から32は、“パテ”や“ドラブ”、あるいは単に“泥”などを連想させる色です。実際、カラー31は“ダークストーン”、カラー32は“オリーブカラー”と呼ばれることもあります。バージニア州ロートンにあるガンストン・ホール（1750年代に建築）のウッドワークに見られる色に似ています。

33,34,35,36 カラー33から36は、このページのほかの色と同じように比較的単純な顔料でできており、そのほとんどが安価な粉末のアースカラーです。例えば、スパニッシュブラウンやスパニッシュレッド、アンバー、ローシェンナやバーントシェンナ、イエロー・オーカーなどで、もちろん白（壁にはチョークや石灰、油性塗料には炭酸鉛）や、時には少量のスート・ブラック（煤のように暗い黒）を混ぜた色です。これらの色は廉価に作られ、用途も広い塗料になります。よく平凡な色と言われるのも不思議ではありません。カラー34は気をそそる名前“チョコレート”で、カラー36は“くるみの木”と呼ばれる色に似た色です。

37,38,39,40 カラー37から40は、18世紀から19世紀初めに人気の高かった明色です。カラー37も暖みのあるグレーです。カラー38は“モモの花の色”と呼ばれる陽気で、私たちの目を圧倒するような暗褐色で、カラー39はより使いやすいグレーを帯びた色合いです。カラー40は複雑で美しいインディゴ・グレーです。この顔料がイギリスで市販されている家庭用塗料に使われているという根拠はほとんどありませんが、アメリカやフランス（“レクトゥールの青”という名で）などの塗料には見受けられます。

このパレットはグレーのビューアーでごらんください。

17 古代の色

右：ロンドンのスピタルフィールズにある、晩年のデニス・シェバーズの家を飾る色の優美さ。クリーム色とオフホワイトを使って甘ったるくなりがちなピンクを調整しています。

上：メリーランド州バルティモアのジョンズ・ホプキンス大学にあるホームウッド・ハウス・ミュージアム（1801-06年）は、典型的な年代色の組み合わせで装飾されています。ソフトミントやピーグリーンや冷たく澄んだ薄いブルーが、他の色に混ざって配色されているのです。これらは平凡な色ではなく、その差が歴然としたパレットにふさわしい優雅で高尚な明色です。

18 20世紀初期の色

1 “オックスフォードブルー”。“会員制”を連想させる定評のある色で、今では慣用化された色です。

2 ブリリアントグリーン。紛れもなく、他にはない色。

3 ピーコックブルー。非常に複雑な濃い色で、ここにある他の色を背景にすると、とても洗練された雰囲気になる色です。

4 明るいバトルシップグレー。ブラウンを含んでいるので色に暖かみがあり、使い勝手のよい色となっています。

5 ダークブルー。色の強さを最大限に生かした、深いコバルトの色合い。

6 スレート。美しく、複雑で、濃く暖かなグレーです。

7 ターコイズブルー。複雑でグレーがかったターコイズで、海の色をしています。これらのブルーはみな、同じように濃い4つの色合いを集めたパレットとして、美しくよく合います。

8 “ナイルの水”。この時代の典型的なグリーンと言えます。

これらは、20世紀の最初の数十年のあいだに使われた塗料の色で、その当時の標準的な色の幅広い分布から選ばれたものです。これらの色を作ったのは、塗料製造業者やペンキ塗装職人や建築家だけではなく、技術者や軍隊や造船技師、それに色を分類することに興味を持ったすべての人々によって作られてもいるため、これらの色にはどこか国際的な趣があります。19世紀に顔料の技術が発達したおかげで色あせしない安価な色が幅広く使えるようになったのは、つい最近になってからのことです。その結果皆の意見が集められてできた色のコレクション（イギリスのもの）が、標準規格塗料の分類で初めて一般公開されたものとなりました。

予想どおり、これには、第一次世界大戦の際に作られた“シグナルレッド”や“ライト・バトルシップグレー”や“ダーク・バトルシップグレー”などの色が含まれていました。しかし驚いたことに、さらに多数の親しみやすい明色や暗色があったのです。これには、“ライト・インディアンレッド”や“フレンチグレー”、“アズール”、“サーモンピンク”、“クエーカーグレー”、“シーグリーン”など、家庭で使う装飾に合ったロマンチックな名前がつけられています。この16色は、パレットとしてまとまった色の分布から選ばれたものではないので、互いにすべての色が結びつき明らかに密着した構成にはなっておらず、ブラウンが優勢であることと薄い色にも共通する色の強度という2点だけが、これらの色の共通点となっています。このパレットと1920年代終わりの装飾カラーを集めたパレット19とを比べてみてください。

9 “シグナルレッド”。斬新で重要な色で、合図を出したり目立たせたりするためには欠かすことのできない色として世界中でその真価を発揮しています。

10 サーモン。強い色をまわりに配す必要のある、毒のある明色。

11 ベネチアンレッド。きれいなオレンジ色を基調とした酸化鉄の色で、同じ縦列の他の色やカラー4やカラー6と一緒によく使われます。

12 ミドルブラウン。暖かみのあるきれいなブラウンで、他の色を落ち着かせるために使います。

13 ディープバフ。この色は、下の2色と右の色見本とを合わせて作る4色のパレットのキー・カラーとして使ってください。

14 ペールクリーム。おもしろいことに、この20世紀初期のクリーム色はくすんでいるのに、18世紀のクリーム色（パレット17を参照）は、どこから見ても澄んだ、生き生きとした色をしています。

15 ディープクリーム。カラー14より澄んだ色合いですが、まだ濁った感じのする明色です。

16 プリムローズ。涼しげなイエローで、実際、いつの時代にも愛される色です。この色と一番下の横列の3色とを使って、おもしろいパレットを作ることができます。

このパレットはグレーのビューアーでごらんください。

18 20世紀初期の色

上：この坑夫のキッチンは、イングランド中部地方の家にあるもので、20世紀初めから何も手を加えずにそのまま残されています。前ページのカラー4と15を使うと、これをうまく再現できます。

上：ノッティンガムシャー州のウィリアム・ショーとウォルター・ショーの家のキッチン。入り江に面した3階建てのエドワード王朝時代の屋敷は、20世紀の変わり目に建てられた他の何千という屋敷と変わるところはまるでありません。ウィリアムとウォルターは、ここに50年間住んでいましが、両親が亡くなった1930年代当時の状態をずっと維持してきたのです。2人はセントラル・ヒーティングや電話やテレビといった現代の便利な機器には興味を示しませんでした。この家の壁紙は1920年代のもので、ビクトリア朝の家具や世帯道具がしつらえてあります。カラー2のブリリアント・グリーンやカラー8のナイルの水といった標準的で平凡な塗料は、拡大する住宅市場で広く使われるようになってきたと言えるでしょう。

19　1920年代の色

1 18世紀の色にどこか似ている、可愛らしい青みがかったグリーン。澄んだ、すっきりとした色です。そのブルー、グリーンのあいまいさは、カスプ・カラーであることを意味しています。

2 この優美なピンクは、インドやスペイン産のレッドオーカーで作ったもので、青みがかった色合いを放ちます。カスプ・カラーでもあります。

3 ごくわずかにグレーを帯びたイエロー。チョークのように粉っぽい、プリムローズイエローの明色です。光の加減によってはグリーンに見えることもあります。

4 優美で澄んだ、水のように淡いバイオレット。クールピンクやカラー5のブルー、カラー7のペールブルーとよく合います。

5 とても使いやすい淡いインディゴのブルー・グレー。とても重要な色です。主色として使い、このパレットにある他の色をディテール・カラーや補助色として組み合わせてみてください。

6 複雑さのないベビーブルー。誠実な色です。

7 ほとんどグレーとも言える色ですが、植物性の黒色顔料と白とで作られるペールブルーの一種でもあります。

8 ライト・オリーブ・グリーン。上と下のピンクとよく合います。

9 このオレンジ・オーカー・ピンクは典型的なアール・デコの色で、このパレットのくすんだ色と合わせるとその特徴が特に顕著になります。

10 クールでほんのわずかにパープルがかったグレー。珍しい色で、同じように弱い色調の補色、カラー8や、このパレットの中のピンクとよく合います。

11 これも珍しい色で、少々くすんだブロンズブラウンです。

12 淡い青緑色のシーグリーン。とらえどころのないカスプ・カラーです。

このパレットはグレーのビューアーでごらんください。

上：このパレットは、真珠母貝や真珠の輝きの銀箔など、貝の色を集めたものです。この優美な発想や素材は、初期のアール・デコの色彩設計やこの部屋に象徴されるような1920年代のロココ様式には欠かせない要素です。

これは、1920年代中頃の塗料の色のパレットです。このパレットは、メーカーのカラー・カードからその時代の塗料の色見本を選んだものですが、そこには非常に興味深い一致が見られ、偶然にも簡潔にその時代を縮図のように示すという特徴を持っています。実際、この時代のパレット（色のコレクション）はみな同じ特徴を示します。18世紀のパレットは深く澄んでいて、ブルーとグレーとオレンジを基調にしたものです。1900年代初期のパレットは、ブラウンに重点を置き暗いキー・カラーを使った、豊かで少々くすんだものです。このパレットはとても複雑な特徴を持っていて、少々くすんで濁った、グレーを帯びた色みをしていますが、色調的に非常に明るいのです。このパレットの色は強すぎず取り入れるのも難しくないので、現代の嗜好から見ると非常に魅力的なパレットです。これらはパステルの明色であり、これ以前のアール・デコの時代を思わせるものであり、第一次世界大戦の陰鬱な特徴は持ちあわせない色なのです。

この薄い明色は甘ったるい印象を与えますが、どの色もみな少々グレーを加えてわずかに色調を変え、オリーブグリーンやダスティチョコレート、淡い青緑のブルー・グリーン・グレーなどのより深く複雑な色を背景に使って表されています。次のページに、この時代の暗めの色を何色か紹介していますが、これもまた柔らかな特徴を持っています。

19　1920年代の色

13 モクレンのオレンジがかったピンク。これだけで使うのは、まず不可能な色ですが、下の澄んだ強いグリーンと合わせるととても使いやすい色になります。

14 同じ色のより深い色合い。ずっと昔からの赤とグリーンの戯れをすべて表現したパレットです。赤とグリーンの補色関係は、本書を探せば他の場所にもあります（パレット41,43,45を参照）。

15 薄いグレー・グリーン。優美で澄んだ薄いミントのような色です。下の色と合わせて使ってください。

16 グレー・グリーン。ネロが自己革新の声明としてこれと同じ色を身にまとい、コロシアムに現れる前に床に撒いておくように命じたと言われる孔雀石の色“マウンテン・グリーン”です。心を落ち着かせバランスをとる、精神的な効果があるのかもしれません。確かに、活力や発展を思わせる色です。

このパレットはグレーのビューアーでごらんください。

上：イースト・サセックスあるモンクスハウス。この家にヴァージニア・ウルフは住んでいました。その居間は、彼女の好きな色で塗られています。その色は、ブルームズベリー・グループの芸術家が選ぶ色のように、生き生きとした澄んだ色でした。

1920年代のデザインや装飾には迫力のある一面がありますが、それは時代の復興ではなく、生気にあふれた19世紀後期のアーツ・アンド・クラフツ運動の流儀に根ざすもので、アメリカや未開のアフリカなどの大陸からも影響を受けています。アール・デコ運動によって、アッシリアの彫刻から部族の絵画やエジプトの建造物まで、原始芸術やその様式にエネルギーと抽象性とが見出されました。当時の知的かつ芸術的なこの運動は、原始文化にも同じように傾倒しており、その文化から派生した付属品や安物の装飾品ではなく、その呪術や迷信の方に魅了されていました。このパレットもこの時代の他のパレットも、市販されているこの時代のカラー・カードによるものです。けれども、これらの色は、安価で実用的な第一次世界大戦の労働者の色、つまり保護用に塗装して偶然にできたような色ではありません。単に、映画を彩るためのありふれた明るいアール・デコのパレットでもありません。新しい何かを指し示しているのです。それについては次のページで十分に探っていきます。これらの色は、戦後の元気を回復した清らかな世界や、魂を癒し回復させる不思議議な古代の色の重要性を物語っているのです。

上：このロサンゼルスの家は、複雑で大胆な色使いをしています。使われている色はみな、どこかあせた感じにされています。ブラウンや黒でくすませているのです。このトリックによって、色がみな均質化されています。

19 1920年代の色

17 濃いグレーがかったクリーム色で、かろうじて暖かみを残しています。なかなかの離れ技と言えます。

18 とても薄く暖かみのあるグレー。グリーンやブルーと合わせて使ってください。

19 典型的な1920年代のグリーンで、メーカーでは"ミニヨネット"と呼んでいます。ブルーがかった、複雑で使いやすい色です。

20 "ペルシアンレッド"と意匠を凝らして名づけられた色で、濃く、少々暗色のクールな赤です。上や下の色と合わせて使うと洗練された雰囲気になります。

21 複雑なブルーで、強さを残した色です。"忘れな草のブルー"と特別な名前がつけられていることから、凝った色の取り組みが感じられます。

22 "スカイ・ブルー"。見るからにシンプルで澄んだ明色ですが、実際には、白とブルーとグレーとグリーンが複雑なバランスで混ぜられています。とても使いやすい色です。

もし、アール・デコの色が、強烈な色調や色合いを含む、1920年代のボヘミアン嗜好の率直な色合いだったなら、真面目な建築家はまた違った色の構想を追求していたでしょう。私たちは1920年代の偉大なる創造である現代主義を、モノクロの視覚言語だと考えますが、それはたいてい現代主義の建物の写真が白黒だからです。しかし実際には、戦時中に建てられた多くの建物には、内装にも外装にも色があります。

これら6色の色見本は、前のページの色見本より無垢な感じが薄れています。全色ともに少量の黒で陰影がつけられているのです。まるで、落ち着いた使い方ができるように色が和らげられているかのようなパレットです。この色は確かに、木や石やセメントなど建材のもたらす影響を表しています。また、東洋の陶磁器や部族の木彫り、ローマの壁画といった他の文化のレファレンスとも言えます。そこにも、これらの色は表れているのです。

どう見ても、これは真摯な意思を持って成長したパレットです。左のページのように室内で使うと、とても洗練されて見えます。

このパレットはグレーのビューアーでごらんください。

20 ニューヨーク1940年代の色

このページからグリーン（特にライム・グリーン）を除けば、申し分のない美しく落ち着いた色の組み合わせになります。そして、グリーンを加えれば、アール・デコのマイアミ・パレットや、日曜大工の店で売られたような、典型的な1990年代終わりに人気のあった色分布（黒を少し加えて陰影をつけたり、グレーを少し加えて色調を変えたりした色）になります。しかし、このパレットは、マイアミにも1990年代にも由来するものではありません。1940年代ニューヨークの洗練された室内装飾設計によるもので、40年代はブラウンが色々な種類のデザインの方向性をある程度決定した10年間でした。下の6色は、ブラウン・グレーが壁の色とされていたダイニング・ルームのための設計プランです。このプランは、使ってみる価値がおおいにあります。

向かいのページの4色は書斎用のプランです。ブルーやブラウンやパープルの色合いを帯びた厳粛な趣の設計で、輪郭や細部をハイライトとしてスカーレットで彩っています。1940年代の書斎の古臭さを連想させるような感じはなく、はっきりとした配色です。ファンキーなパレットです。

1 薄い自然な“ドンキー”の色で、この時代にジョン・ファウラーが気に入っていた壁の色“マウスの背中”に似ています。特に、下の全色とは一緒に使うのは避け、ブルーやバイオレットと組み合わせると使い勝手のある色です。

2 少量の黒が、このグリーンからけばけばしさを取り除いています。下のブルーや左のブラウンと合わせて見てください。

3 複雑できれいなブルー。オフホワイトや、上や下の色と合わせて使うことができます。

4 とてもソフトな明色である左側の3色とは対照的な、この澄んだターコイズ・グリーンと、下のバイオレットと上のライム・グリーンとで、とても活力に満ちあふれた組み合わせをつくることができます。

5 この縦列の色はみな似た色調で、それぞれ異なる色合いを結びつける役割をします。ブラウン・グレーとこの色の明色は、そのあいだにある澄んだ色をひとつにまとめます。

6 下の4色だけでパレットを作るか、このバイオレットを隠し残りの3色で、より無垢な感じのパレットを作ってください。

このパレットは白を背景にして見るか、グレーのビューアーでごらんください。

左：歴史的な時代の配色設計や色彩設計に同調または単に模倣する非常に現代的なデザインがあったとしても、驚くほどのことではありません。過去を徹底的に探求し、それを略奪することで、設計者は製品や建造物やインテリアに魔法のような付加価値を吹き込むことができるのです。その模倣は今ここにあるものとは違う何かに巧みに結びついています。本書の他の写真と同様、この写真も、パレットが調査されまとめられた後に見つけられたものです。

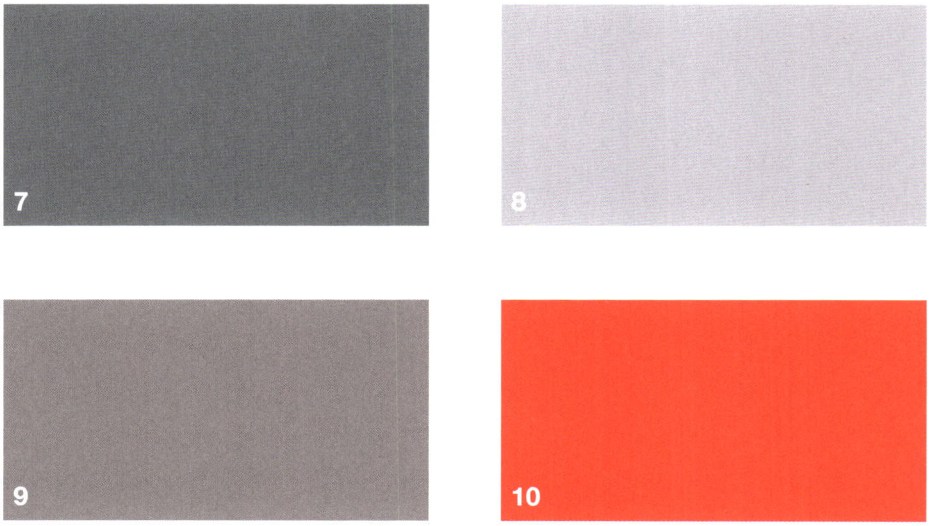

7 典型的な20世紀初期の “ダーク・バトルシップ・グレー” で、美しい鉛やスレートの色です。

8 向かいのページのペールバイオレットより冷たい色で、上と下の色見本の間で中心となる役割を果たす色です。

9 バイオレットとグレーとブラウンを混ぜた複雑でおもしろい色で、優勢な光の状態によってその特徴を変えます（カスプ・カラー）。この色とカラー8は素晴らしく、このパレットの4色に真の熟成をもたらす重要な色です。

10 オレンジがかった色みが前面に出た、断固としたスカーレット、またはバーモント・レッド。この色を除いた他の3色を使うと無難な組み合わせになります。

21　1950年代の色彩設計の色

1950年代そのものです！　ここでは、この時代のイギリスの原型となる3つのパレットを紹介します。レイモンド・ラストやルシエンヌ・デイによるインテリア設計をベースにしたパレットです。パレット22では、本来の設計の発想は薄まり微妙に姿を変えています。このページの色は、当時に比べてより強く濃くなっています。

特にここに集められた5色と次のページの8色のおかげで、みなこの10年間を雄弁に語っています。そのうち10色には黒がある程度含まれ、ピンクでさえ少し陰影のある色になっています。例外は、向かいのページのイエロー2色とその裏のページにあるイエロー１色で、黒みを加えると、泥のようなグリーンへと色が目に見えて変化します。

1 淡く、無垢なプリムローズイエロー。グレーや黒をほんの少し加えただけで、すぐにグリーンに変わりやすい色です。もっとも効果を上げるためには、赤やグリーンの上に使ってみてください。

2 グレーで色調をぼかすことである程度抑制されてはいますが、このパレットの核となる緊張感は、赤とグリーンの補色効果によってもたらされているものです。

3 複雑で使い勝手のよいグリーン。グリーンとイエローと黒を均等に混ぜた色です。上のプリムローズ・イエローと合わせると特に美しい色です。

4 このパレットの2番目の核となる緊張をもたらしているのは、黒とイエローのコントラスト効果です。1色だけでは使うのが難しい色ですが、この色彩設計の中の重要な部分です。

5 黒は、こうしたパレットの中で陰影をつけるためだけに使われているのではありません。べたとしても使われています。ここでも、イエローを引き立てる色として使われています。

上：おそらく、ル・コルビュジエほど広く色に関する実験を行った20世紀の建築家はいないでしょう。これは、インドにある彼のサラバイ邸です。この配色設計と1920年代の色とのあいだには、ある種の遺伝子連鎖があり、色を少々くすませるために黒を使う点が似ています。

このパレットは、白を背景にしてごらんください。

22　1950年代の色彩設計の色Ⅱ

1 下の色とうまく折り合って、ちょうどよいくらいにイエローを含んだ、非常にかすかなグレー。

2 黒が混ざっていない珍しい色のひとつ。このパレット全体で見るとそれほど力強くはありませんが、このグリーンは前ページのイエローと同様に、黒と積極的な関係にあります。

3 この色は、グリーン・イエローと黒とのあいだを橋渡しするので、このパレットの重要な色となっています。

4 この色彩設計の中で黒は、べたとしても他の色に陰影をつけるための要素としても使われています。

5 グレーは、パレット全体にかすかな影を投げかけます。この色を隠してみると、その効果がよく分かります。

6 このピンクの中には少量の黒が混ざっていて、甘ったるさを取り除いてくれます。注意して使えば、効果的で珍しい装飾カラーになります。

7 とても使い勝手のよい色。ソフトでグレーの色みが十分にあるため、用途が広い色です。特に、“赤ちゃん”向けの色彩設計を少し色あせさせたようなピンクとよく合います。

8 ブロンズグリーン。枯れたコケの色で、黒が混ざっていても混ざっていなくても、この設計の中できわめて重要な色であることには間違いありません。

1940年代の多くの装飾カラーにブラウンが使われていたのと同様、比較的厳格な時代が終わった1950年代には明るめの色が取り入れられました。そのため、設計者が使いやすいように少々色に手が加えられていても不思議はありません。これらのページの色と、同じように抑えられた色調の1950年代の雑誌など印刷物の色とを比べるとおもしろいものです。技術的な限界があるために紙面では色の再現が貧弱になり、黒やグレーが過剰になっています。また、1960年代のイギリスのテキスタル・デザイナー、ルシエンヌ・デイが、ピンクとブロンズをどのように組み合わせたかを見てもおもしろいものです。1960年代には、仲間のテキスタル・デザイナー、エディ・スクワイアーが、この方法をさらに活発に行おうとしました。

このパレットはグレーのビューアーでごらんください。

ジェニー・アーミットが設計した、ロンドンにある復古調の家には、それまで30年のあいだ設計開発の役割を果たしてきた、きわめて重要な1950年代初期の色が使われています。クールイエローやブロンズグリーン、非常にソフトで淡くクールなクリーム色やピンク、グレー、グレー・ブルー、そしてもちろん黒です。

23　1960年代の色彩設計の色

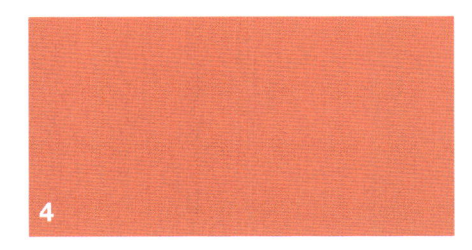

1 冷たく、濃く、きれいなピンク。この無邪気さは、1960年代の典型的な特徴です。

2 同じ色をより強い色合いにした、ピンクパンサー。

3 わずかにグリーンを帯びたブロンズ・カラーで、パレット全体にとってきわめて重要な色です。ピンクとだけ合わせて使えば、うわべだけの深みや趣が出せますが、赤レンガ色やパープルとだけ合わせれば、引き締まった心地よいパレットになります。

4 この赤レンガ色は少々あいまいな色で、くすんだブラウンがかったオレンジ色に変わりやすい色です。このあいまいさは、この色が、そのときの光の具合によってさまざまに違って見えるカスプ・カラーであることを意味しています。

5 このパープルがかったプラムは、ほんの少量を使っただけでも、ピンクに対して強力なコントロール効果を発揮します。また、赤レンガ色との相性は難しく、不協和音を発するような関係にあります。これらを一緒に使うと、落ち着きを失わせるような作用を示すので、ブロンズを加えてそうした関係を和らげることができます。

1960年代になると黒が姿をひそめ、替わりにブラウンではなくブロンズが使われるようになりました。ブラウンは、パレットの色を定着させる色として働くことが多いと言われますが、これは、ブラウンが暗く漠然とした色だからだけではなく、ほとんどの場合2色の補色を混ぜて作られる色だからです。実用的なブラウンは、パレットの重要な色にも、それを補う色にも変わります。そのためブルーのパレットでは、イエローやオレンジ（ブルーの補色）を混ぜてできたブラウンは、赤やブルーに近いグリーンを混ぜてできたブラウンより色を強める効果が高くなります。

このパレットには、微妙なつりあいのとれたブラウンやブロンズが使われています。この色はグリーンの明色を思わせるイエローがかったブラウンで、もっと濃ければ明らかにマゼンタの補色に見えるでしょう。このマゼンタからは2色のピンクが引き出されています。中央に置かれたピンクは、となりの赤レンガ色とパープルの2色によって強化されており、これらの色が一緒になって、赤を基調とした冷たい色や暖かい色のグループを作っています。どの色もみなブロンズカラーに対抗する非常に微妙な色合いです。

つまり、半ば隠れた関係の微妙な色合いのパレットだということです。驚くほどのことではありませんが、これらの色は60年代における市販の顔料の達人エディ・スクワイアーが配色したものです。彼は、これらの色を合わせて壁紙のデザインに使いました。詳しくは、次のページで紹介しています。

このパレットは白を背景にして見るか、グレーのビューアーでごらんください。

右：ブロンズを、定着させる色や補色だと過小評価してはいけません。ここでは、1960年代にエディ・スクワイアーが見せた、ピンクと合わせる妙技を同じようにトリシア・ギルドが見せてくれています。

24 もうひとつの1960年代の色彩設計

1 ディープ・ウルトラ・ブルー。補色のような働きをし、このパレットのオレンジ色やマゼンタ・ピンクをシャープに引き立てますが、ここでは異端の色でもあります。この色をさまざまな量を使って試してみてください。

2 深い色合いで、露骨で強烈なオレンジ色です。このパレットでは、マゼンタと組んでリーダーの役割を果たしています。どちらの色も、ブルーとだけ、あるいはブロンズカラーとだけ合わせて使うことができます。

3 このブロンズ・ブラウンは、多量のオレンジ色を含んでいます。したがって、どちら側の色ともとてもよく馴染みますが、ブルーに対しては効果的な補色の役割をするブラウンとなります。

4 これも強い色合いで、少し暖かみのあるマゼンタです。オレンジ色の仲間です。

5 この色はモス・グリーンともブロンズ・グリーンとも呼ばれる色です。ブラウンがかった複雑さのために効果が弱まってはいますが、イエローを帯びた色合いのためマゼンタの補色となっています。この2色は、単独で大きな効果をあげることができます。

このパレットは白を背景にして見るか、グレーのビューアーでごらんください。

上：家具と装飾品のデザイナー、フローレンス・ボドゥーのパリの家は、21世紀のレトロ・ドリームです。“ロング・ストライプ”のソファは、フローレンスのオリジナル・コレクションOomのものです。レザーの椅子“PK22”はポール・ケアホルムがデザインしたもので、テーブルのまわりの椅子はイームズのサイドシェルです。ブロンズが壁の広範囲に使われていて、この騒然とした設計を落ち着かせています。

エディ・スクワイアーの色をさらに5色紹介します。ブロンズとピンクの組み合わせによって、前のページで探求した構想が生かされていますが、ここではさらに強い色合いになっており、補色としてのブラウンも強くなっています。補色を合わせて使うようになるまでに人はどれほど長い道のりを費やしてきたかを示すために、ここでは、ブルーとオレンジ色の組み合わせが使われています。プルシアンブルーと完全な合成色オレンジの2色の色合いは、色が可能にするぎりぎりの濃さと純粋さを持っています。

5色のパレットに見られるように、オレンジ色とマゼンタは“さあ、やってみろ”と叫んでいます。これらのブロンズの色見本に感謝します。すべてをコントロールしておくにはどうすればよいかを知っているからです。

ニューヨークのグラマシー・パークにある1950年代のアパート。床には、スカイブルーのエポキシ樹脂が敷かれています。オレンジ色の椅子はデビット・クーリがデザインしたものです。これらはみな、レトロを超えた別世界の印象を与えますが、これは1960年代の濃い顔料を革新的に使ったおかげです。

25 1960年代の家具の色

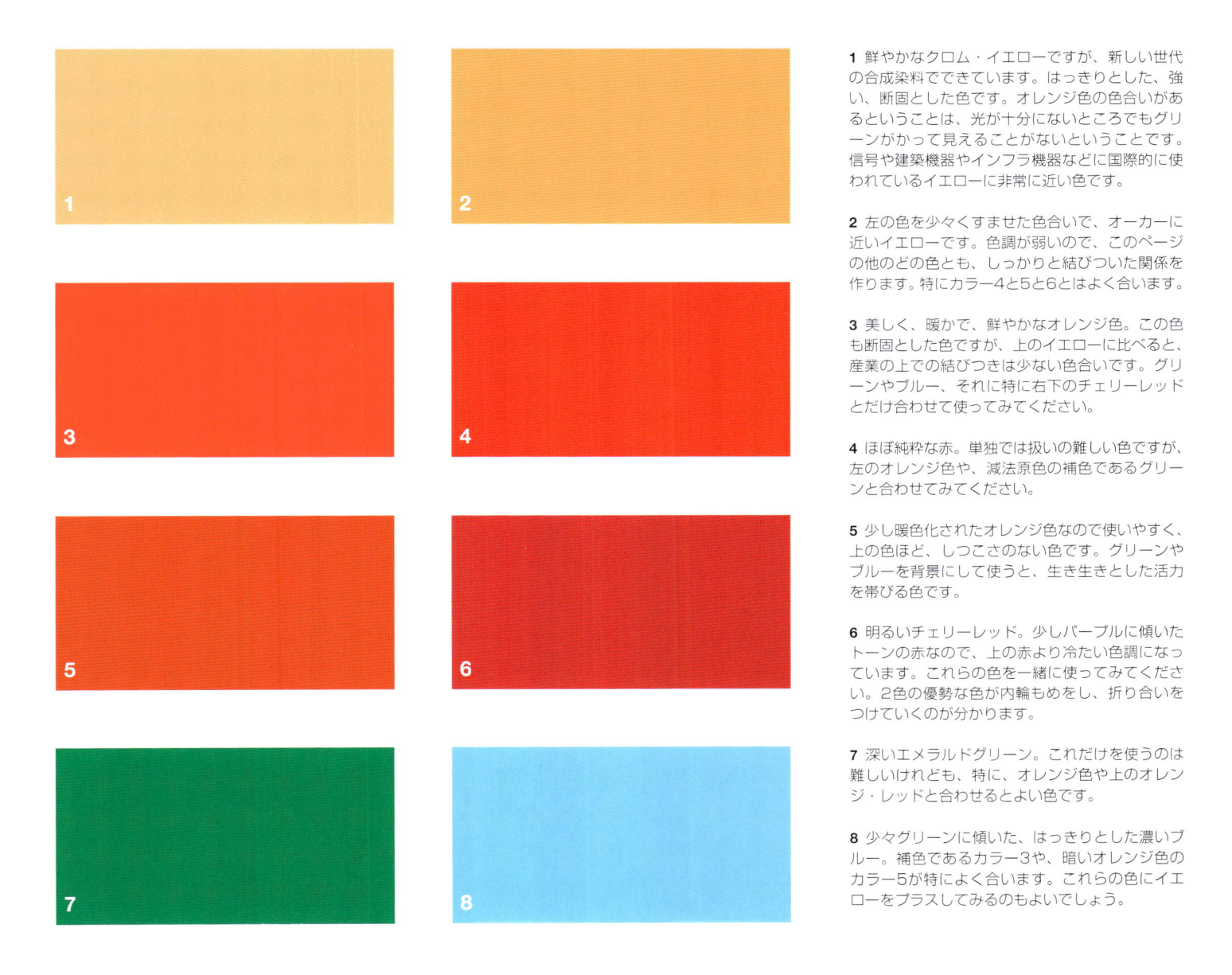

1 鮮やかなクロム・イエローですが、新しい世代の合成染料でできています。はっきりとした、強い、断固とした色です。オレンジ色の色合いがあるということは、光が十分にないところでもグリーンがかって見えることがないということです。信号や建築機器やインフラ機器などに国際的に使われているイエローに非常に近い色です。

2 左の色を少々くすませた色合いで、オーカーに近いイエローです。色調が弱いので、このページの他のどの色とも、しっかりと結びついた関係を作ります。特にカラー4と5と6とはよく合います。

3 美しく、暖かで、鮮やかなオレンジ色。この色も断固とした色ですが、上のイエローに比べると、産業の上での結びつきは少ない色合いです。グリーンやブルー、それに特に右下のチェリーレッドとだけ合わせて使ってみてください。

4 ほぼ純粋な赤。単独では扱いの難しい色ですが、左のオレンジ色や、減法原色の補色であるグリーンと合わせてみてください。

5 少し暖色化されたオレンジ色なので使いやすく、上の色ほど、しつこさのない色です。グリーンやブルーを背景にして使うと、生き生きとした活力を帯びる色です。

6 明るいチェリーレッド。少しパープルに傾いたトーンの赤なので、上の赤より冷たい色調になっています。これらの色を一緒に使ってみてください。2色の優勢な色が内輪もめをし、折り合いをつけていくのが分かります。

7 深いエメラルドグリーン。これだけを使うのは難しいけれども、特に、オレンジ色や上のオレンジ・レッドと合わせるとよい色です。

8 少々グリーンに傾いた、はっきりとした濃いブルー。補色であるカラー3や、暗いオレンジ色のカラー5が特によく合います。これらの色にイエローをプラスしてみるのもよいでしょう。

これらの8色は、プラスチックの素晴らしさにふさわしい色です。かっこよく、濃く、色あせしない、サイケデリック世代の色合いです。これらは実際に何十年もの調査をした結果の賜物です。鮮やかな合成の顔料は20世紀の初めあたりから、鮮やかな合成染料は1860年代からありましたが、その多くは退色しやすく、色あせてしまいました。色を扱う化学者にとって、色の合成に関する神聖な目標は、依然として化学物質や紫外線の影響に対して耐性のある人工の顔料の色分布をつくることでしたが、1960年までに石油化学製品やプラスチックや染料の製造が発達したおかげで、このような色分布が可能になりました。おもしろいことに、私たちはこのような色を見ると、これらの色をもっと早くから使っていた1960年代終わりのヒッピー世代を連想します。1950年代後半のインテリアに使われた色もありますが、ほとんどが1960年代初期の家具やインテリアに使われたもので、カラー5のように1946年に遡るものもあります。

はっきりとした色は上の4色で、好みに合うようなら、ひとつのパレットとして一緒に使うことができます。下の4色は少し陰影がありますが、これもひとつグループとしてうまく機能します。よく似たイエローと赤とオレンジ色を並べてみてください。これらを合わせると、密着した強烈な色が目を刺激して、今にも動いたりふつふつと音をたてたりしそうに見えます。

このパレットは白を背景にしてごらんください。

natural palettes

上：これは、ネオクラッシックの18世紀後期に人気のあったパレットです。（ウェッジウッドは結局のところ、当時人気のあった建築用の色を使った陶磁器製品を世に送りこんだだけでした。）イギリスとフランスで、このような優美な色合いを流行らせた様式は、後にヨーロッパ中に採り入れられ、特に北欧で高い人気を得ました。これはスウェーデンのバーンシュハンマルです。

このパレットは白を背景にして見るか、グレーのビューアーでごらんください。

26 ハシバミ色

1 淡く優美なウェッジウッドのブルーは、グレーに近い装飾カラーとして歴史的によく使われてきたことが分かっています。絶妙な色。もっと使われるべき色です。

2 霧にかすんだような、赤みがかったパープルで、このパレットのアンカリング・カラーです。意外ですが、（色を安定させる）アンカリング・カラーはパープルであることが多いのです。

3,4 この深い色合いはどちらも、このパレット全体の一部として使われているにもかかわらず、非常に効果的な装飾カラーでもあります。

このパレットには、とてもバランスのよい色がそろっています。元々はウェッジウッドの陶器の色ですが、このパレットは、パーソンズの“Historical Colours”1937年版から取り上げられたものです。この本では、他の年代の歴史的な背景を持つレファレンスについても述べられていますが、それと同様、第一次世界大戦と第二次世界大戦のあいだの時期の嗜好についても詳しく述べられています。この4色がこのようにひとつのページに集められると、みな同じようにミルキーでグレーがかっており、まるでソフト・フォーカス用のガーゼのフィルターをかけて見ているかのようです。

これと似たミルキーなパレットは、パレット59にも見られます。このパレットは、パープルで下支えされたニュートラルなミッド・ブルーから3色の明色を引き出すことでうまくまとまっています。このパープルは赤に傾いた色なので、色調が濃く比較的ブルーからかけ離れた色なのです。このパレットはパープルがパレットの中でアンカー役として使われたいい例で、デザインの歴史や本書の中にも案外よく出てくる工夫が生かされています。

27 北の伝説

1 少々グリーンがかった暖かみのあるグレー。下の色すべてとよく合い、壁に塗っても、ウッドワークや天井に塗る深いオフホワイトとして使っても便利な装飾カラーです。

2 澄んだ、少しパープルがかったブルー。とてもはっきりとした涼しげな色です。下のブルーやグリーンとよく合います。

3 微妙なグレー・ブルー。装飾設計の中で素晴らしい特徴をあらわします。ラベンダーにとても近い色合いです。

4 とても濃い、充実した色合いのグリーン。他の色に対して少量を加えただけで、大きな効果をあらわします。メイン・カラーとしても使えます。

5 パレットの中で働くパープルの力を過小評価してはいけません。これは微妙なケースかもしれませんが、パープルはおとなしい色であるにもかかわらず、ここでは重要な役割を担っています。この色を覆って、ご自分で確かめてみてください。特に、補色となる右上のグリーンが際立ってしまいます。

6 濃い、煙ったようなターコイズ・グリーン。上の色からは彩色的にかけ離れています。このパレットの中で重要な色のひとつです。同じ縦列の色とだけ合わせるか、下の4色の一部として使ってみてください。とても刺激的な色です。

7 カラー3とは対照的に、この色はブルーで、しかもグレーのトーンがまだ残っています。グリーンに傾かせないための手段として使ったり、また、同じ縦列だけの4色で作ったパレットの一部として使ってください。

8 上の色よりかすかでブルーの色合いが少ない色。光の加減によって特徴が変わるカスプ・カラーです。特に、多量のカラー3によって色合いが弱められた場合に使うとよい色です。

夏の風景と空のパレットです。中景でグリーンがかすんでブルーに移り変わる風景、そしてそこには雲の色や少し翳った空の色、ソフトで明るいブルーがあります。一言で言えば、温和な気候にぴったりの屋外の色で、パレット50の“北国の光”に感じが似ています。

これらの色にはさまざまな特徴があり、いくとおりにも組み合わせて使うことができます。ほとんどの色が、隣り合った色合いや、ブラウンやグレーを加えることによって微妙に和らげられています。そのためグリーンは少々くすんでおりイエローやブルーが混ざっています。ブルーも少々くすんでおりパープルやグリーンが混ざっています。その結果これらの色を合わせて使うと、たいていどれもおもしろい組み合わせになります。この原理の例外はもちろんグレーで、この色はブラウン・グリーンの色みを帯びています。

このパレットが北欧のインテリアに由来するものだということは、誰の目から見ても明らかです。これらの色やこれらの色を使った部屋の設計は非常に普及しており、1980年代から90年代のあいだの雑誌にもよく掲載されています。興味深いことに、タッチが軽くその色のもつ希薄な性質に敏感な風景の色は、非常に多くの北欧のインテリアに、それも特に18世紀と19世紀のインテリアに生かされています。

上：外国に住むスウェーデン人レナ・プラウドロックがデザインしたこのキッチン。彼女の生まれ故郷のスタイルそのものと言ったデザインです。このパレットの色をいくつか組み合わせ、白をふんだんに使っています。

このパレットは、白を背景にしてごらんください。

28 海の風景

上：シュロップシャーにある陶芸家ルパート・スパイラの家の壁には、1830年頃ステンシルが施されました。この家の他の部屋も本書に登場します（パレット50と53を参照）。どれも、その色の中にグレーがかった繊細さを示しており、その繊細さはこのパレットの中にも見出すことができるものです。

本書の中に、海にまつわるパレットがいくつかあります。ターコイズ色のエーゲ海をモチーフにしたものもあれば、アフリカの海岸をモチーフにしたものもあります。また、北欧やアメリカの海の風景に見る透明な色を抱いたパレットもあります。他にも、空気のように希薄なグレー・ブルーや深いコバルト色の夏の色合い、北国の空の和らいだ色調など、空の色を反映したパレットがあります。

このパレットは、和らげて調和させた明色とトーンの繊細なコレクション、おぼろげな色をした海の真ん中の風景です。海と空気の両方の雰囲気を醸し出します。なぜなら、これは海軍や空軍に直接由来するものだからです。つまり、第二次世界大戦以来、世界中の国々で船員や飛行士が自分たちの船や飛行機に塗った色のセレクションなのです。これらの色は1色づつ見ると機能色です。組み合わせて使うと、とても美しい色です。

このパレットはグレーのビューアーでごらんください。

1 一般的な迷彩色で、このグリーンは十分にグレーを帯びた、複雑な色です。少々くすんでいるため、よく染まったグリーンのウールやスウェードを連想させます。落ち着きのある洗練された組み合わせにするには、すぐ隣の色と合わせて使ってください。

2 濃いダックエッグの色で、空気や水のような、かすんだようなグレー・グリーン・ブルーの明色です。1940年代と50年代のおもしろい装飾カラーで、右にある色と混ぜると壁用に向いた色になります。

3 カラー2より強く濃い色ですが、これも時代色で20世紀の色です。この色を古代の色として使うか、同じ縦列の色と合わせて使ってください。

4 おもしろい、暖かみのあるグレーですが、不快なブラウン“マッシュルーム” とは一緒に使わないこと。とても使い勝手のある色で、特にカラー2やオフホワイトとよく合います。

5 欠かすことのできないブルーのタッチの美しいディープ・スモーキー・グレー。美しい現代的な家具の色で、同じ縦列の色とよく合います。

6 この色も空気のような雰囲気を醸し出すライト・ブルーです。同じ縦列の色と合わせて使ってください。素朴さの少ない高級感のある組み合わせにするには、同じ横列の色と合わせてください。この色は、光の具合で特徴を変えるカスプ・カラーなので、とても趣があります。

7 このページのどの色ともよく合う、柔軟性のある色です。美しく深い海水の色です。

8 グレーでもありブルーでもあるけれど、グレーの色合いが主だった海の風景の色です。このページの他の色とよく合う、信じられないほど複雑な色です。このパレットにとって重要なアンカリング・カラーです。

9 誠実で涼しげなブルー・トーン。少々グレーがかっており、カラー2と4にとてもよく合います。

10 カーボン・ブラックと白の顔料を混ぜてできた、硬質でブルーがかったグレーの一種です。同じ縦列の色と合います。

11 深くおぼろげな色のひとつで、他のすべてのものがそこに投げ込まれているかのように見えます。少量の明るいグリーンで煙ってオイリーに見えます。この色をほんの少しだけ使うと、黒に見えます。広い範囲に使うと深く力強い色になります。

12 このブルーには漠とした暖かみがわずかにあり、そのために、ここにあるグリーンがかった色の多くと合わせて使うことが難しくなっています。一番よく合うのは、カラー4とカラー8です。

フリントン・オン・シーにある、1930年代の家オリバー・ヒルの中。この適度にレトロなインテリアは、オーナーで家具収集家のアンドリュー・ウィービングがデザインしたもので、暖かい有機的なパレットでまとめられています。有機的なパレットは、そうでなくても暖かみのない白い箱のような部屋を生き生きとさせてくれます。

1 深い森のグリーン。木の葉の影の色。ベルベットのような豊かな色です。

2 深いモス・グリーン。光沢のない、ブラウンがかった色です。左の深い森のグリーンと合わせて使ってください。

3 とても使い勝手のよい色です。パレット30のコンクリート・カラーによく似た、暖かみのあるストーングレーです。向かいのページのカラー5をもっと冷たくした色で、カラー5と合わせて使うと洗練された組み合わせになります。

4 上のグリーン2色を引き立てるチェストナッツ・ブラウン。美しい土の色、あるいは濃い茶褐色の豚革やスウェードの色です。向かいのページのカラー12のバイオレットと、とてもよく合います。

29 野原と森

5 カラー3より暖かい色合いで、依然として美しいストーン・カラーです。このパレットの全色と合わせてふんだんに使ってください。

6 珍しいサンディー・グリーン・イエロー。カーキ色のようなくすんだ色で、スウェードのような質感があります。明るめにするには、このページの上の方にあるカラー5や7や8と合わせて使ってください。

7 この深いオーカーは、上半分の4色とも、下半分の4色ともよく合う色です。

8 上の色よりも暖かみがありますが、この色を生活のどこかに取り入れるには、左側のイエローや下の赤やブラウンが必要です。このくすんだ色見本を何かにたとえるとするなら、それは有機物です。

9 このパレットの中にすべての色を一緒に入れた場合に、積極的な役割をする色は、カラー3と6と8とこの色、暖かみのあるテラコッタです。日没の砂丘の色で、そのため1991年の湾岸戦争の際には、英国空軍特殊部隊SASがこの色を四輪駆動車ランドローバーの色に選びました。

10 ブリックブラウン。下のバイオレットと合わせると、上にある色を目覚めさせ、この縦列でも非常におもしろい配色を作ります。

11 カラー1より暗い色で、まわりにある色と非常によく合い、同じ縦列の他の色見本とだけ合わせてもよく合う色です。

12 このパレットの中でもっともおもしろい色です。深い色合いで、これらの色の多くがくすんだ質感を共有しています。パレットにパープルがあるときには、重要な役割をすることが多いものです。ブラウンも、これと同じ役割をすることがあります。ここにある全色に共通する特徴です。カラー4か10か12を、ここにあるどれか1色と合わせてみて、その組み合わせのおもしろさを見てください。

苔むす岩から深い森、樹木の茂った丘から広い湿原まで、ここには素晴らしい屋外の色や木の葉や大地、砂、岩など質素な色をした荒野のパレットがあります。これらの色は、北欧の色や大地の色より深く豊かです。鉱物の色はここにあり、真夏の（あるいはジャングルの）木の葉のグリーンによってバランスがとられています。

田舎の豪華な玄関扉の色や、農家の穀物貯蔵用のサイロや堆肥のタンクには、そのための塗料の色があり、またそれにはもっともな理由があります。このページ色見本はみな、過去60年間軍隊がカモフラージュのために選んだ色に由来しています。

このパレットはグレーのビューアーでごらんください。

上：このパレットはとても異色で、インテリアとは言えないと思うかもしれませんが、これはかなりしゃれた1950年代のダイニング・ルームで、ここで紹介する色をカプセルにつめこんだような色彩設計になっています。イエローさえちゃんとあるのですから。

30 石切り場の色

1 ベンガラの塗料のひとつで、屋外での作業に適した、暖かみのあるオレンジ色を帯びた赤です。

2 薄い、ミッド・ニュートラル・グレー。亜鉛メッキした鉄鋼の色や、鋼製品の全面に下地塗りとして使われる雲母状酸化鉄のグレーの色合いです。これも、コンクリートの色のひとつです。

3 暖かみのあるグレーで、ベージュに近い色です。このページの他のグレーと一緒に使うとよく合うコンクリートの色で、親しみやすい装飾カラーです。

4 左の色をより暗くした色で、この色も家庭の装飾に向いた色です。

5 暖色の真ん中にあたる、コンクリートの色です。他の2色よりピンクを帯びています。

6 鮮やかで暖かなクロム・イエロー（カドミウム・イエロー）。建設機械の色です。この色見本を覆い隠して見ると、パレットががらりと変わります。

7 オレンジ色をたっぷりと含んだ、暖かい酸化鉄の色。この色も外観に使うとよい色です。歴史的に有名な家具の色でもあります。薄いさび色です。

8 より深いさび色で、スコットランドのフォース・ブリッジには、120年のあいだこの赤い酸化鉄の塗料が塗られています。

このパレットが何に由来しているのか推測するのは難しいかもしれませんが、このイエローがその秘密を暴いてくれるでしょう。これらはみな、世界中の土木工事や建築現場や重工業で日常的に使われている色です。コンクリートや金属の下地に塗る塗装剤やさびの色、そしてもちろん建設工場のイエローにも由来する親しみやすいパレットです。このイエローがあってもなくても、これらのグレー（暖色のコンクリートの色）の持つ暖かで他を中和させる効果のおかげで、とても使い勝手のよいパレットになっています。コンクリートの色は、岩や砂利や砂などその成分の色によってさまざまに異なるものです。セメントの基調色は冷たい青みがかったグレーですが、これだけを材料に使うことはありません。カラー2は、ここではもっとも冷たいコンクリートの色です。

このパレットはグレーのビューアーでごらんください。

31 大地の顔料

1 正確に言えば、オーカーとして知られている色です。広く使われている、泥のような強いイエローで、少し白を混ぜると、一般に、より鮮明な色になります。

2 カラー1の明色。装飾には非常に使い勝手のある色で、部屋の中でこの色自身を映し出すと、暖かいイエローになります。オーカーは、上品なクリーム色を作る唯一のイエローです。

3 この色はとても暖かく、フランスのルシヨンの鉱山で産出されるもっともグレードの高いオーカーにも劣らない、最高品質の純粋なオーカーです。しかし、市販の“ゴールデン・オーカー” は、普通のオーカーとクロムイエローを混ぜて作られたもののことが多いようです。

4 カラー3の明色。オーカーや酸化物に白の顔料を混ぜると、色合いが変わり、少し冷たい色になるのですが、この色は変わらずに暖かに見えます。深いクリーミーイエローで、とても使いやすい色です。

5 パープルがかったアンダートーンの、暗く冷たいベンガラ。強い着色力を持つ色です。

6 カラー5の明色。パープルのアンダートーンが明色によく映えています。このような冷たい青みを帯びたピンクは、特に室内で何世紀も使われてきた色で、それはこの色がアースカラーの場合よりもはるかにはっきりとした新鮮な色に見えるからでもあり、またこうしてできた明色には甘ったるさがないからでもありました。

7 赤鉄鉱とオーカーのアースカラーは、とても暖かなオレンジ色を帯びた顔料を生み出し、それは、パープルがかった一般的な色調のものより常に高く評価されてきました。ブルーが極端に際立っていないため、例えば、モロッコのタルダン市内の壁やローマの一部の塗装などに広々と使われることが多かった色です。

8 カラー7の明色。暖かなレッド・オーカーの明色は、それ相当に暖かみがあります。これらの色は世界中で、その土地特有の表現形式の一部として建物の外観に見られます。モロッコやインド、ヨーロッパ、中央アメリカ、それに本書の中でも頻繁に出てくる色です。

風変わったパレットです。ものや場所に由来するものでも、歴史に基づく設計のものでもありません。カラー・コードの見本でも、芸術家の年代色のパレットでもありません。これらの色は、“大地” のパレットと呼ばれるものに属しています。それは、何万年ものあいだ使われてきており今なお広く使われている、シンプルで、安価で、永久不変な顔料のコレクションです。これらの色は鮮やかではありませんが、それでも優美なあいまいさやくすんだ色調を持つため、依然として芸術家のパレットのベースとなるものなのです。こうした特長はすべてのアースカラーに共通するもので、同じ仲間として大きな類似点を生みだすものです。その結果、このパレットは全体的にとても一貫性のある特徴を持っているのです。

顔料は、主にシンプルな鉄の混合物からつくられる色つまり、さびです。鉄は、地球のかなりの部分を構成している物質なので、大地の顔料（土性顔料）は世界中で簡単に採掘することができます。粘土の中から精錬されることが多く、やわらかい石の堆積から見つかることもあります。そのため、歴史的な色であるばかりか国際的な色でもあるのです。ただし、地域色の強いバリエーションや組み合わせもあります。非常に興味深いことに、これらの鉄の混合物は私たちの岩や砂や大理石や土壌にも着色するため、土性顔料の色はそうしたつながりにも一役買っており、建造物をこれらの色で塗るとすぐにその風景の中に定着しているように見えてしまうのです。土性顔料は、鉱物の顔料がみなそうであるように、ほとんどすべての国で採掘されるため、地方色のあるバリエーションが幅広く生じます。ここにある色見本は、ギリシャ時代以来識別され今では芸術家の標準色として分類されている、もっとも重要な色見本です。土性顔料を含む歴史上の一般的な色を知るには、このパレットとパレット17とを合わせ読んでください。

上：土性顔料には、装飾設計を定着させるという明らかな役割があります。このパレットはブラウンに大きく傾いていることからも分かるように、アースカラーをベースにした色彩設計には、木やテラコッタや石といった粘土の顔料以外の自然素材が含まれます。多くの大理石や砂やしっくいと同様にテラコッタと石は、その色の元となる顔料を彩る酸化物がまったく同じなのです。

このパレットはグレーのビューアーでごらんください。

31 大地の顔料

上：アースカラーは、時代を超えて全世界で使われています。この顔料は今日では安価で便利なものですが、何百年も何千年も前にはまだ、多くの塗料の分布基準や芸術家のパレットの重要な部分を成していました。アースカラーは建造物で見てみると、あらゆる時代に浮かび上がってくる色です。これは計算しつくされた、1950年代ロンドンの復古調インテリアで、建築物の歴史家ニール・バインガムのものです。

このパレットはグレーのビューアーでごらんください。

9 バーントシェンナは、規格化された芸術家の顔料です。透明な仕上げにするのに便利なガラスの色で、大理石模様や木目調仕上げ、染色、ワニス塗りなどに使うことのできる非常に貴重な顔料です。赤鉄鉱のベンガラより暖かみがあり、ブラウンを帯びた色合いをしています。

10 カラー9の明色。バーントシェンナと白を混ぜると、その激しい性質が薄れ、涼しげな色になります。この色合いは、しっくいの色を思わせるのに使ったり、イエロー・オーカーと混ぜてテラコッタの色を作ったりするのに便利です。控えめで涼しげなアースカラーで、そんな中にもほんのわずかに暖かみのある色です。

11 テールヴェルトまたはグリーンアース。他の色よりずっと効果の弱い色です。薄くかすかな顔料で、どんな媒材（顔料を溶かす媒質）の中に入れてもほとんど透明に見えます。それにもかかわらず、芸術家やペンキ塗装職人は、その耐久性や安さ、ガラスの顔料としての品質、ソフトな色み、さらには元となる緑土によってブルー系統からイエロー系統までけたはずれに種類が豊富なために、この色を使うことに固執してきました。ギリシャの肖像画や中世のテンペラ板画では、鮮やかな色の下地に使われていることはよく知られています。

12 カラー11の明色。この顔料は色の力が希薄なため、白を混ぜてもほとんど意味がありません。

13 ローシェンナ。この顔料は薄めずに使うと、豊かで深い金色で、オーカーより不透明な色です。バーントシェンナとは違ってこの色は、その名が示すように焼いていない生のシェンナで、元々はイタリアのウンブリア地方のシェンナ近隣の地域から来たものです。

14 カラー13の明色。この顔料が生み出す最高品質の色合いです。マニラ紙でできた封筒の色で、豊かな暖かいベージュ。とても便利な装飾カラーです。

15 マルス系顔料という名前から、合成の酸化鉄であることが分かります。昔から自然にできるパープルがかった酸化鉄は、ここでも示したように希薄な色であることが多いのですが、少量ながらも加工され使用されてきました。現代のマルス系のパープルは、これよりずっと濃い色になっています。

16 カラー15の明色。優美な、グレーみを帯びたバイオレットの明色です。この顔料のもつ素朴さのおかげで合成の色っぽく見えすぎないので、装飾用にとても便利です。

17 ローシェンナとローアンバーを混ぜると、採掘されたシェンナの暗色の多くやアンバーの顔料に似た、ニュートラルなブラウンになります。装飾に便利で、ニュートラルで泥のようにぬかるんだ色ですが、他の色に混ぜた場合にもグラシやワニスなど透明な上塗りにする場合にも、他の色を古めかしく見せたり年を重ねたように見せたりするようなブラウンではありません。

18 カラー17の明色。ローアンバーの明色の冷たさも、ローシェンナの明らかに“着色された”暖かみもない、グレーみを帯びた“ほこり”のような色で、芸術家にとってもっとも用途が広く便利な、大地の色合いのひとつです。美しい壁の色でもあり、本書の中の多くの宗教的なパレットやその土地固有のパレットにある色です。

19 オレンジ・オーカー／ポッツォーリ・レッド／マルス・オレンジ。歴史的に見ると、鉛丹やリアルガーやオレンジ色に傾いたバーミリオンに取って代わられた暗い色です。しかし、こうした高価な顔料には赤石土の顔料の混ぜ物がされているという多くの記録があります。オレンジ色を帯びた色合いが使いやすいのは疑いもないからです。

20 カラー19の明色。美しいテラコッタの色です。

21 ローアンバー。黒ずんだ感じを出すにはとても適した色なので、多くの疑似歴史的な色のひとつに加えられています。この色は、18世紀の深いぬかるみの色合いのベースを作るものです。冷たくニュートラルなため、少量を混ぜて使うことができる非常に便利なトーン・カラーです。

22 カラー21の明色。芸術家に好まれる白とローアンバーでできたグレーです。グリーンがかったブラウンへとぼんやりと偏り、その結果できたグレーは暖かく、とても使い勝手のある色です。

23 バーントアンバー。ローアンバーとバーントアンバーの名前は、イタリア中部のウンブリアに由来しています。かつて、そこから最高品質のアンバーが採れたことがあるのです。これらの色によって、6色の基本的な現代のアースカラーの組み合わせが完成されました。バーントアンバーは、深く、重く、チョコレートのような特徴を持っています。

24 カラー23の明色。グレーがかったピンク・ブラウンで、他の多くの時代にも登場しますが、1940年代のデザインや装飾の非常に重要な色です。

32 カラハリ砂漠の失われた色

1 適度に鮮やかなブロンズを思わせるのによい色で、色調をぼかした、おぼろげなイエロー・ブラウン・グリーンです。

2 とても使いやすい暖かなバフ・カラーで、オレンジ色の持つ不快さを感じさせません。マニラ紙のような色です。

3 このパレットの中でもっとも澄んだ色で、このパレット全体を薄黒く見せないようにするためには欠かせないオーカークリームです。

4 濃いセージグリーン。大青（ブルー）に黄花モクセイソウ（イエロー）を上染めした古代の織物の色です。同じ起源を持つ他の色については、パレット44をごらんください。

5 このモス／カーキ色には、ブルーとグレーがたっぷりと含まれているため、使いやすく、おぼろげな色になっています。カスプ・カラーであるとも言えます。

6 カラー5をより深くした色。この縦列の色と合わせて使ってください。特にブラウンが、この色をよく調整してくれます。

7 少々グリーンを帯びたペトロールブルー。それともグリーン？　大青が勝った、カラー4を色あせさせた感じの、おもしろいカスプ・カラーです。

8 このパレットのキー・カラーであり、下4色のキー・カラーでもあります。非常に貴重な色です。とても便利な真のブラウンです。少々グリーンがかり、少々グレーがかってもいます。

ここにはサバンナの色があります。草や砂土の乾燥した麦わらの色、木の葉や樹皮や固まった泥のグリーンやブラウンです。きれいな色ではなく、緑草のタペストリーから選んだ色です。ブラウンやグレーや少量の補色を加えたり、隣接する色合いによって汚染されたりして、複雑な色になっています。実際、複雑な変化が重なると、どんな場合にも本来の色合いに影響が及びます。例えば、カラー4はエメラルドグリーンですが、白で薄い色合いにされ、少量のブルーで変色され、ブラウンやグレーで色調が和らげられています。

特にこのような色のグループが集められた場合、色がおもしろくなるのは、このように複雑な変異が起こるからです。これとは対照的に、もしこのパレットがはっきりとしたシンプルなブラウンやグリーンやイエローでできていたなら粗野で子供っぽく見えたことでしょう。けれどもそうではなく、複雑さがあるおかげで、ここでも実際に使った場合にも洗練された感じがもたらされるのです。

左：グリーンは、室内装飾を操るのに使いやすい色とは限りません。表面を取り壊して、さまざまなグリーンを使うとうまくいきます。これは、デザイナーのリサ・スタッフォードとその夫で園芸家のパトリック・ショーが、メルボルン西部のオトウェイ・レンジにある自宅に施したものです。

このパレットは、グレーのビューアーでごらんください。

33　年月を経てくすんだ色

1 くすんだマスタード色。おそらく、かつてはより鮮やかで、もっとレモン色を帯びていたことでしょう。グリーンがかったブラウンへ変わっていきつつある色です。シェーカー家具複製市場の標準的な暗色です。

2 ローアンバーの色。一般的なほこりを連想させる、アンティーク・カラーの必需品です。みごとなクールブラウンの艶出しで、これを塗装したものにこすりつけたり、たたき塗ったり、ワニスを塗ったりすると、あっという間に200年は経ったような感じの色になります。

3 歴史的に、安価な赤い染料は、酸化鉄（赤鉄鋼）をベースに作られてきました。この色は酸化鉄の顔料の典型です。暖かくブラウンがかった、シェーカーやサフォークやスウェーデンの家の色です。この色は古代の色というより、永遠の色なのです。

4 カラー3をより冷たく深く青みを帯びさせた色で、おそらく、よりくすんだ色でもあります。昔塗装された家具、特にテーブルや椅子に使われている色です。下の暗い色と合わせて使ってください。

5 薄汚れたブルーは、ほこりやニコチンによる黄ばみのためにグリーンになりがちで、プルシアンブルーの顔料でできた塗料がグリーンの色調を帯びることは、非常によくあることです。この色もまた、素晴らしい昔の家具の色で、よく磨かれた木と対にになっていることの多い色です。

6 ミッドブルーの塗料の色。表面には白い輝きがあって、ほとんどグレーに近い色に見えます。わずかにブラウンやグリーンがかっており、煙った感じを与えるとても優美な色です。

7 ニコチンや経年によってブルーがグリーンに変わるように、グリーンはイエローに変わっていきます。実際、とてもかすかな色ではありますが、強さや特徴は残っています。カラー5と6と8とだけ合わせて、このパレットの一部として見てください。

8 暗く汚れたグリーン。歴史的な塗料の色分布には欠かせない標準的な色です。木の葉の前の手すりを描くために使われた18世紀の“インヴィジブル・グリーン”と拮抗する色で、嬉しいことに、合成の色ではありません。上の2色と合わせて使ってみてください。

塗料メーカーの中には、“いかにも歴史的な感じの”色として、わざわざ“汚く”、“古びさせた” 色の塗料を販売しているところもあります。各社とも、ブラウンの顔料を加えて汚くするという同じ発想を製品に取り入れています。少量の補色を加えるメーカーもありますが、この場合には、ただ汚れているというのではなくはるかに微妙なタッチの複雑な色を生み出します。ここにある色には、どちらの方法も使われています。

このパレットを、例えば、17世紀から19世紀の色と比べると、こうした試みはかなり無駄に終わっている場合が多いことが分かります。時代を飾る色は実際のところ非常に鮮やかで澄んだ色であることが多いのです。“本物の”時代色として模倣され市場で取引される色調を生み出すのは、一般に、何世紀ものあいだに染みついたすすやニコチンです。

しかし、もし複製の椅子を塗っていて、200年前のシェーカーやペンシルベニア・ダッチの家具のように見せたいときには、これらの色を使うことができます。ここにあるのは、お芝居で使うような模造品や付け焼き刃で作った遺産の色です。

このパレットは、
グレーのビューアーでごらんください。

右：新しい家具や複製の家具を古い時代設定の中に置くと、違和感を感じることがあります。また場合によっては、模造品に塗られた色に非常に価値があることもあります。

34 焼いた粘土

もっともパワフルで万能なパレットは、粘土や焼いた土、砂漠、岩、土の顔料を使った、地質学を基にしたものです。これらはみな、100%自然にできたもっとも一般的な染料、酸化鉄によるものだということを考えれば、まったく驚くには値しません。このパレットには、粘土を焼くことで粘土の中の酸化鉄が焼かれてできる色が示されています。これは、典型的な古代ギリシャの焼きものに基づくもので、それによって古代社会という違った価値も連想させます。このパレットは、19世紀初期のギリシャ復興にも19世紀後期の多彩装飾や1930年代からのギリシャにも刺激を受けた、インテリアの基礎をなすパレットです。

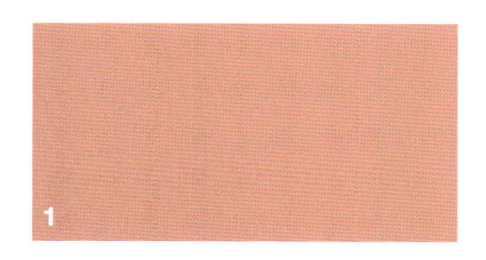

1 美しく濃いテラコッタ。古代ギリシャ陶器の細やかな仕事を思わせる色です。特に、下と右のプラム・カラーと合わせると、色調が同じなので生き生きとした色になります。

2 オレンジ色がかったアンダートーンの、美しく暖かみのある酸化鉄の色。黒を背景にすると美しく豊かに見えます。過去に、屋外の塗料の色として珍重されていた暖かい赤です。

3 黒。ギリシャの陶器に主流な、艶出しの色です。背景や線画によく使われます。

4 広い場所に使うのに向いている、薄いテラコッタです。

5 グレーがかってもおりブラウンがかってもいるプラム。パープルの赤よりの色合いをさまよっている、あざのような複雑な色です。美しいカスプ・カラーで、光の具合によって目に見えて特徴が変わります。

6 ディテール・カラーやパネル画、そして後には背景に使われたクリーム色は、ギリシャの陶器の表面を飾ることもあります。パレット全体の中の一部として、控え目に使われるハイライト・カラーです。

このパレットは、黒のビューアーでごらんください。

上：このパレットは、どの色もみな親しみやすく、石や陶器、大理石、木といった自然素材の色にとても似ているため、取り入れやすい色です。これは、デザイナー、ポール・デーリーがプロの目で選んだものです。

35 深海

1 このパレットの他の色をみな鋭利な印象にさせ、特に下の赤のような暗い色を鋭くさせる氷のようなオフホワイトです。

2 濃い、ミルキーなバイオレット・ブルー。同じ縦列の他の3色と合わせると非常に多くの使い途があります。

3 暖かみのあるアイアンレッド。この色とターコイズは、このパレットの“異端者”です。

4 ほとんどウルトラマリンと言ってよい色合いのブルーで、コバルトの下塗りをした陶磁器の中でできる色です。

5 赤とこのターコイズは、光の色の補色同士なので、合わせて使うと、揺らめく効果を生み出します。このパレットを赤だけ、またはターコイズだけと合わせて見てください。

6 このグリーンには、赤やターコイズを落ち着かせる効果があります。たとえ少量でも大きな効果を出すことができる色です。

7 明度においては、上の淡いブルーに色調が似た色です。この2色のあいだには、どぎつく暗い色が潜んでいます。この2色を覆い隠すと、左の方がどんな風に見えるか試してみてください。

右：このパレットは、陶芸家が伝統的に使ってきた釉薬の色で、現在手に入る色によって決められるとも言えますが、この色は中東のいたるところで陶磁器の上に薄く塗られたり、塗装や織物に使われているのが見つかっています。マラケシュにあるスティーブン・スキナーの家です。

おそらくそれはこのパレットの中ではターコイズとシー・グリーンであり、またブルーとグリーンが全体を支配する、つまりこれらの色に共通する清らかさであるかもしれません。しかし、この配色はエーゲ海の水のようにとてもくっきりと鮮やかに見えます。もちろん色には、さまざまな情緒的な力や効果があります。ブルー、中でも淡いブルーは落ち着いて見えます。確かに遠のいていくような感じを与えるので、ブルーの部屋は実際より広く見えます。グリーンは、バランスや元気を取り戻す色とされています。ネロは、全身緑色づくめでコロシアムの席に姿を現していた頃があったと言われています。そのコロシアム自体にもグリーンの珪孔雀石の顔料が塗られており、すべては自分自身と自分の名声の活力を取り戻そうとしたものでした。

赤とターコイズの2色は、ここでは異端の色で、どちらの色も少量使うだけで他の色に刺激を与えることができます。実は、これらはみな、中東のタイルから来た色です。こうした陶器は同じ陶器でも、基本的にブルーのパレットにターコイズやグリーンが自由に使われた東洋のものとは、はっきりとした違いがあります。

この赤にはどこか陰がありますが、広範なブルーとグリーンをなす他の色の補色に近い色であることに注意してください。

このパレットは、白を背景にしてごらんください。

36 小石の色

1 淡く、澄んだ、イエロー・オーカー。このパレット全体を元気にします。家屋に使う色として用途の広い色です。

2 パープルが染みたような、ブラウンがかったグレー。この中で非常に重要な役割をする色です。このページの下半分を隠し、パレット37のカラー9と10を加えてみてください。とても優美な6色のパレットになります。

3 グリーン・ブラウンと言ってよい色で、どんな風にもとれる色なので、便利に使うことができます。

4 カラー１を黒ずませて、地味にした色。

5 このブルーは、少々グリーンを帯び、黒ずんでいます。ワニスの下にイエローを塗ったクリアブルーの塗料の色です。優美で使い勝手のあるカスプ・カラーで、屋内に向いています。

6 このパレットはみなニュートラルな色なので、その構成要素としては欠かせない暖かみのあるバフです。複雑でつかみどころのない美しさを持つ色です。

7 カラー6よりずっと暖かみがあるけれど、複雑さは少ない色です。ピンクを帯びているためグリーンをとても引き立たせます。

8 深いオリーブ色で、このパレットの特徴を増強させます。この色を隠して違いを確認してみてください。ブルーとオーカーが特によく合う色です。

上：同じ由来を持つ色同士でできた大きな規模のパレットを扱うメリットは、ニューヨークを本拠地とするツァオ＆マッコーンのデザインによるこの部屋のように、全体的な色彩設計に合う物や調度品を見つけるのが難しくないことです。しかしこの様な折衷的なアプローチでは、まず対象物を集めて、それからパレット全体を“縫い合わせる”ための色を部屋に塗ることが重要です。

このパレットと次のページのパレットには、同じ仲間の20色が集められています。これらの色には、大地の自然が持つ微妙さがあり、北欧の街を思い浮かばせます。まるでスカンジナビアやアメリカ東海岸沿岸の家の色のようです。各々の色に他のすべての色が加えられているような印象を与え、これらの色に共通する個性がさらに強められています。

各色はそれぞれ異なるけれども、パレット全体のうしろに同じ起源が見え隠れしています。そのため、このパレットの中から選んだ色の組み合わせはよく合うのです。

このパレットは白を背景にして見るか、グレーのビューアーでごらんください。

37 貝殻の色

1 暖かく、少々ブラウンがかったオフホワイト。特に、このパレットの赤やピンクや、パレット36のグリーンを背景に使うとよく合う色です。

2 このパレットの中でもっとも暗い色ですが、他の色との組み合わせを “際立たせる” という大きな効果をもたらすために使える色です。こうした目の錯覚は、多くのモザイクにも見られます。

3 暖かでニュートラルなミッドグレー。特に、革やスウェードを連想させるので、非常に貴重な色です。

4 少々黄色みの多いオフホワイト。このパレットのイエローや赤、ピンクと合わせて使ってください。また、パレット36のブルーとも特によく合います。

これらの色が共通の性質を持っているのは、みな鉱物に由来する色だからです。これらは岩や石の色で決して鮮やかな色調ではありませんが、色相環の各区分をすべて表しています。地中海中から集めた無数のローマ・モザイクに由来する色なので、ローマ帝国のあらゆる場所を表すものでもあります。古代には、床を彩ってもいました。

このパレットは白を背景にして見るか、グレーのビューアーでごらんください。

5 このパレットの中でもっともニュートラルなオフホワイトで、壁や天井に格好の色です。

6 とてもきれいな、ピンクがかったアイアンレッド。この縦列だけの一部として使うか、パレット36のグリーンと合わせて使ってみてください。カスプ・カラーです。

7 ニュートラルなグレー。

8 バフに変わろうとするオフホワイト。グレーの色みがこの色をニュートラルでおもしろみのある色に保っています。

9 カラー8の、より冷たいグリーンがかった色。赤やグリーンを一緒に使ってみてください。

10 ソフトで、石を思わせるピンク。この両ページのどの赤ともよく合います。左のカラー9や下のカラー12、またはパレット36のグリーンやブルーなど、グリーンがかったニュートラルと一緒に使ってください。とても美しく室内装飾に向く色です。

11 パレット36のグリーンと合う赤レンガ色。

12 ブラウンがかった美しいグレー。ローアンバーと白からできたグレーです。ブルーがかっては見えないため、どんな環境にも使えるとても便利な色です。

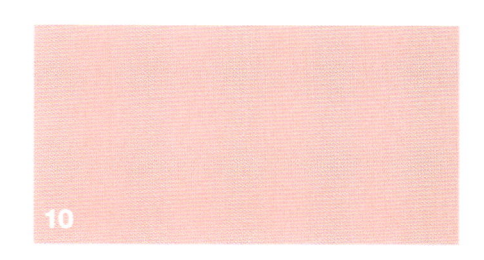

38 水と風：東洋のエレメント

1 繊細で優美なブルー。中世の中国陶磁器の色です。

2 “ダックエッグ”。これも、国外に出た中国陶磁器の色のひとつです。このページの色はすべて、一色だけで非常に単純な形に塗られた釉薬の色です。このブルー・グリーンはとても便利で、ブルーのぎりぎりの淵にあるカスプ・カラーです。

3 このパレットのキー・カラーとなるブラウンです。この色を除くと、他の色がみなずっと穏やかに見えます。ほんの少量でもこの色があると、他の色との結びつきを強めます。他のどれか1色と一緒に使って、その強い結びつきを試してみてください。中世の中国の鉢に由来する色です。

4 強く、少々黒ずんだ、グリーンがかったクリーム色。17世紀の茶瓶に由来する色です。茶瓶もその色も1930年代の陶磁器として複製されました。“昔の”白として使ってください。

5 上品なセージ・グリーン。中国陶磁器を連想させる、とても優美な色です。同じ縦列の2色と合わせて使ってみてください。

6 この色も繊細で、1920年代を彷彿とさせる色です（パレット19も参照）。同じ縦列の2色と合わせて使ってみてください。

ここには、白亜や大地の色に混ぜ込まれた水と風の色があります。近代主義がモットーとする“光と空間と透明さ”にまさにぴったりと合った、とても現代的なパレットです。けれども、本書の中の多くのパレットが最新のもののように見えるのと同様に、このパレットも実はずっと昔のもので、その起源は古代の中国陶磁器にあります。

東洋への交易路は17世紀にオランダ人によって開かれましたが、東洋の文化との交流は、わずかばかりの指定された港に限られていました。そのため中国も日本も、特に西洋へ輸出するための製造産業を確立したのでした。そこで作られる製品は西洋の嗜好を満たすように作られており、つまりは1600年初め以来、東洋の色やデザインに対する私たちの認識は、常に根元からコントロールされてきたということです。このページの色はすべて、東洋の陶磁器に由来するものです（全色ともp181の“パレットの解説”にリストアップ）。これらの色は、1920年代や19世紀のオリエンタリズムさえも思わせる、統一性のあるパレットになっています（ウィリアム・モリスは、このパレットを壁紙に使いました）。

このパレットは、グレーのビューアーでごらんください。

上：このパレットの持つ水中や空中にいるような雰囲気は、艶出し加工のタイルやガラスなどの素材を使ったり、色を区分けしてブルーをバスルームだけに使うことによって醸し出されています。ブラウンは暗い森のように見えますが、これはここでのまた別の構想（木やコンクリートといった自然の素材やシンプルな素材を使うこと）によるものです。

simple palettes

39 レッド・コーナー、ブルー・コーナー

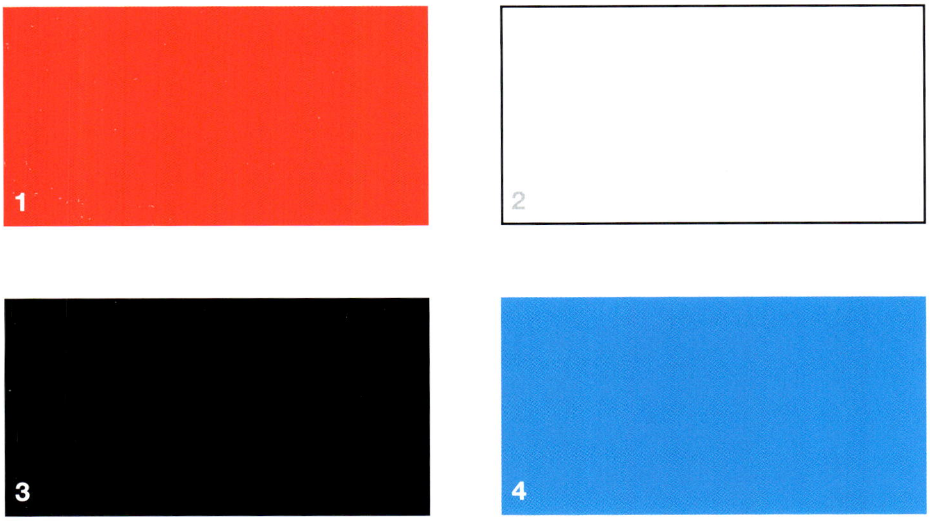

1 日本の“赤”。そして、もっとも純粋な“真っ赤”は、鮮やかなバーミリオンを指して呼ばれる名前です。

2 日本の“白”。もっとも純粋な白は“真っ白”です。

3 日本の“黒”。もっとも純粋な黒は“真っ黒”です。

4 4つ目の色はブルー、日本の“青”です。もっとも純粋な青、スカイブルーは“真っ青”と呼ばれます。これら4色だけが、本当に完全なという意味の“真”を名前の頭につけることができます。

これは本書の中でもほとんどないパレットのひとつで、哲学を表しています。つまり、日本の文化を浮き彫りにする概念を集めたものなのです。近代的な日本を表すパレットにまとめ上げることもできたかもしれませんが、現代の日本では視覚にまつわる時代の潮流が非常に西洋化され彩色的に崩壊しているため、瓦礫と化したような広告文化や若者文化を、統一性のある視覚表現ができるものにまで回復させることは難しいのです。そのため、ここでは代わりに古い日本の色を集めました。これらの色は今も崇められ、日々の生活に使われたり引用されたりしています。このページの4色のパレットは、8世紀から続く日本の色彩文化の歴史の当初にその名が挙がり、その後何世紀にもわたって正式に体系化され、今でもなお日本文化と結びついている洗練された顔料の伝統的な装飾用パレットです。12世紀も受け継がれてきたこの4色は、今も日本人の色の感覚や名称の礎となる基本的な体系であり続けています。この4色によって力強いパレットがひとつできあがります。

このパレットは、グレーのビューアーでごらんください。

メキシコの建築家ルイス・バラガンは、色に対する直感的でゆるぎない判断力を持っています。１９７７年に、メキシコ・シティーのギラルディ邸にある屋内プールに日本の原色を（恐らく承知の上で）使ったことからも、彼が色の生理的な影響力や色が何かを連想させる効果を巧みに駆使していることが分かります。コバルトブルーは、明らかに水を連想させます。また少し沈んで見える色でもあります。これとは反対に、赤は視覚的に前に浮き出して見える色です。赤い壁は他のどんなものからも切り離されたように見え、水の中からも出ていくように見えます。

上：部屋の中の色を大雑把にまとめるとき、よくやるのは、このクッションのように一箇所にすべての色を集めたものを見つけて目をごまかす方法です。もちろん、好みのクッションを見つけて、その周囲の色彩設計を行う方がはるかに賢いやり方です。けれどもその違いは誰にも分かりません。

40 シルクと辰砂《しんしゃ》とオックス・ブラッド

ここにあるのは、自分自身を抑えることがほとんどできないパレットです。ありがたいことに、わずかばかりのブラウンのおかげで秩序を保つことができています。しかし、その無謀さにもかかわらず、このパレットは立派な歴史を持っています。20世紀まで、私たちの社会の色に対する理解は、自然に発生する素材をもとに系統立てられ精製され加工される顔料や染料や釉薬をどの程度活用したり入手したりできるかということにかかっていました。赤は入手がとても難しい色で、鮮やかな赤の顔料は非常に珍重されており、耐久性のある染料を入手することはほとんど不可能で、赤の釉薬などは幻のようなものでした（パレット59から完全に赤を無くしたらどうなるか見てください）。しかし、中国人や日本人は赤い顔料をうまく大量に加工して、手描きや漆細工、絹染色、陶磁器などに使いました。この3色の赤は、極東の文化を西洋から見た印象によるものです。言わば、これらの色は、私たちに共通の文化意識にまで達った東洋の色のトレードマークで、それ自体が、東洋のあらゆるものの強烈な目印となっているのです。この3色は、中国のどの時代にも皇帝の絹の黄袍を染めた、濃いイエローとよく合います。

パレット38には、もっと東洋のトレードマークとなる色があり、特に19世紀の終わりや20世紀の初めを連想させます。また、東洋の陶磁器はパレット60を、外国へ伝えられたもっとトレードマーク的なピンクやグリーンはパレット46を参考にしてください。

1 “シルクレッド”。アカネで濃く染めて作った色です。暖かいオレンジ・レッドの純粋な色合い。とても魅力のある、見る人の目に飛び込んでくるような、視覚的に前に出てくる色です。

2 中国の木製漆器の色。木製漆器は木の樹脂から取り出されたものですが、その典型的な赤は、すりつぶすと樹脂になる辰砂（硫化第二水銀）を加えてできた色です。中国のバーミリオン顔料は手作りの辰砂で、今なお輸出されています。別のものを元にして作った、この他のバーミリオンについては、パレット30やパレット45を参考にしてください。左の色合いとベンガラのあいだにある、美しく豊かな赤です。

3 “オックス・ブラッド”。15世紀初めに作り出され、17世紀に改良されてこの色になった、陶磁器の釉薬に由来する色です。この釉薬は銅を使って作られますが、うまくいかないことが多いのは有名で、そのため赤の釉薬が塗られた製品は高価なのです。18世紀にできたこの色の異種は雑色の“ピーチ・ブルーム”で、より濃く、より高価な色でした。ブラウンの方が高価だったことは決してありません。

4 中国のイエロー。どの時代の皇帝も着た黄袍の特徴を示す濃く暖かな色です。

このパレットは白を背景にして見るか、グレーのビューアーでごらんください。

ジョナサン・リードのデザインによる居間。少量の色を選び、それをオブジェや家具など部屋中に散りばめてこのパレットと戯れています。見た目に心地よく複雑な印象を与えるのは、さまざまな手法や質感が盛り込まれているからです。

41 一流、名門の

1 明るいオーカーに似たイエローで、レッド・ティン・イエローのように、活気に満ちた色です。少々ミルキーで地味な色みなので、とても使いやすい色です。

2 同じようにミルキーな色合いのコバルトブルー。混じりけがなく、グリーンにもパープルにも染まっていない色です。この色とイエローとが強く結びついているのは、このページの白と黒とは対照的にどちらも色調が抑えられているからです。非常に緻密な関係にあるので、そのぎりぎりのバランスをうまく活用する価値があります。

3 このパレットのキー・カラー。黒を隠し、グレーのビューアーを使ってブルーとイエローを見てみてください。コントラストを増幅させるには、白と黒が必要なのです。

歴史を通じて、繰り返し顔を出す色のパレットです。絶えることのない色の組み合わせなのです。グリーンと、その補色である赤の関係は、ひとつの対話のようなもので、すべての純粋芸術や応用美術において探索されてきました（パレット43、44、45、46を参照）。しかし、このパレットは、そうした他のパレットよりはるかに特殊でバランスがうまくとれており、ニュートラルでくすんだコバルトが鮮やかなオーカーの色合いを優しく補っています。ここにある3色と白とを合わせると、ミノス文明や古代ギリシャのパレットの一部になります。これらのパレットもまた、19世紀初めのイギリスの陶磁器や20世紀の陶磁器に使われた色です。また、モロッコの宮殿の色彩設計に用いられた色でもあり、1950年代の石版印刷に用いられた柔らかな原色（パレット42を参照）にも近い色です。無垢で個性のない色の集まりに見えるかもしれませんが、実際には、影響力の強い色なのです。

このパレットは白を背景にしてごらんください。

このパレットはいたずらっぽい感じがし、少々変わった由来があることから、これらの色は室内装飾に使われたことなどないのではないかと思うかもしれません。しかし実際には、結構ひょっこりと顔を出す色なのです。それはおそらくこれらの色の持つ和らげられたグレーの色合いがうまく結びついているからで、そうでなければ学校で習うような基本的な原色になっていたことでしょう。

42 50年代ファッション

これらの原色が古くて価値があるように感じるのなら、あなたはすでにトリックに引っかかっています。あなたの記憶がパレットの起源におびきよせられ、引っかかってしまったのです。

これらは実際は、紀元前14世紀や15世紀のエジプトの色ですが、ここに載っているのは、これらの色が1950年代や60年代のものでもあるからです。しかし、この20年間の建造物やインテリアの色ではなく、鮮やかな近代主義の家具の色でもファッションの色でもありません。時代がそのときどのように伝えられていたかを示す色です。新聞の印刷用紙がグレーでテレビが白黒の時代では、これらは光沢のある紙を使った高級な雑誌の世界に由来する3色、つまりオフセット印刷の軽快な原色です。もちろん、市販の石版印刷で使う基本的なインクの色はこのような色ではありません（p11のカラーモデル4を参照）。このような色は、インクを何層にも重ね合わせて実現した組み合わせを使い、オフセット印刷で骨折って作った鮮やかな色合いの仲間ではありますが、つやがないのです。これらの色は、40年前には最新技術が成し得る最高峰でした。

ここに示した赤とイエローとブルーは、50年代と60年代のデザインに対しての賛辞ではなく、何百万もの人々にどのように見られ、インクが色あせたために後の10年間にはどう受けとめられたのかということに対する賛辞です。おもしろいことに、最近、こうした色のように黒ずんだ色を使って、60年代の象徴ミニ・クーパーの復刻版が販売されています。

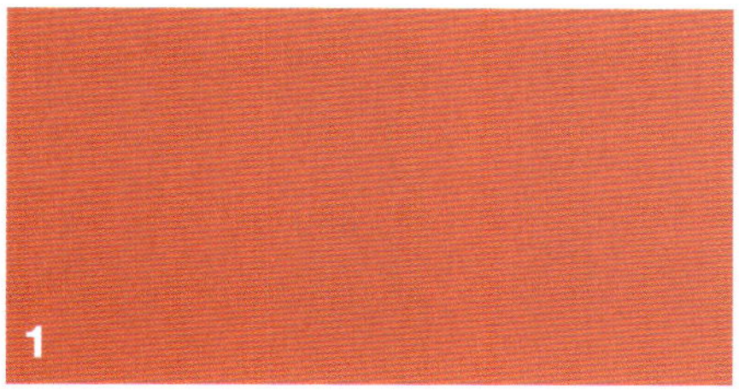

1 黒を20%（この色の薄汚れた感じをつかむ参考にしてください）刷り入れてできた暖かな赤。グレーの色みと暖かみを混ぜたため、親しみのある使いやすい色になっています。

2 黒を10%と、グリーンがからないようにオレンジ色を6%混ぜた複雑なイエロー。しつこくなく、赤とブルーによく合います。

3 シアンブルーの印刷インクに見るフタロシアニン顔料の鮮明度と耐久性は、この色に黒が多すぎたり色あせが生じたりといった印刷の質の貧弱さにはほとんど影響を受けていないことを意味しています。この色に黒が15%混ざっていれば、間違いなく複雑でおもしろみのある色になります。

このパレットは白を背景にして見るか、グレーのビューアーでごらんください。

43 赤とグリーンの物語part 1:レーシング・グリーン

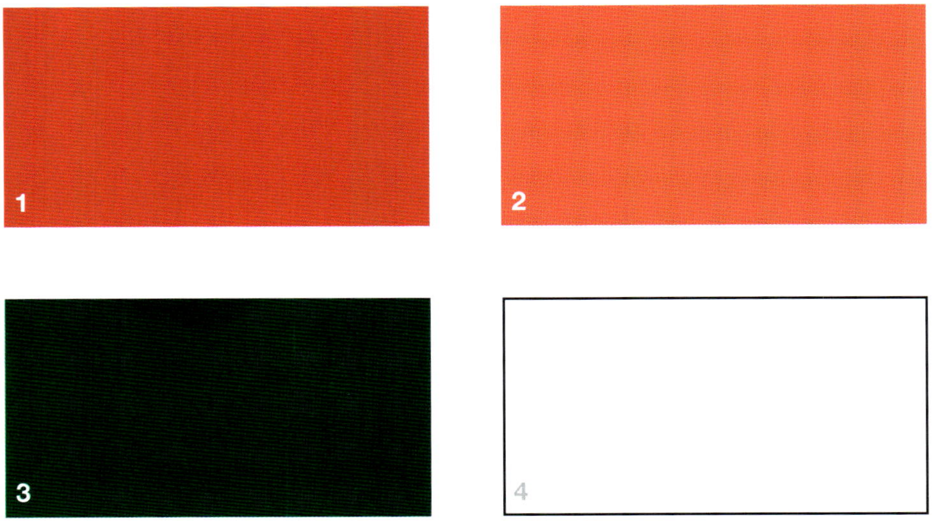

1 深い“ロッソ”・レッド。スーパーカーのマニアにとって、“ロッソ”とはイタリア語の赤を意味します。ダイニング・ルームをこの色で塗っても、まず大丈夫です。

2 下のグリーンと並べると、生き生きと引き立つ鮮やかな赤。第一次世界大戦以来、国際的なレースでは、イタリアの色は赤であるとの協定がなされてきました。

3 このグリーンは、ほとんど黒とも言える色で、荒唐無稽な“イギリスのレースのグリーン”、正しくは “ネーピア・グリーン”にほぼ間違いなくマッチする色です。実際、グリーンは幅広く色々な用途に使われましたが、この色は、イギリスの車がレースに出るときの色です。

4 オフホワイト、または “ヴィンテージ・ホワイト”。他の多くの色に添えられる色のようですが、戦前のドイツのレースの色でもありました。戦後にはドイツは、銀色つまり磨いたむきだしの金属のままでレースに出て、“銀の矢”の名をほしいままにしました。

情熱的な色の歴史の中でももっとも壮大な情事のひとつ、赤とグリーンの物語の始まりです。しかし、ここでは2つはほとんど偶然にペアになったにすぎません。このパレットはある対象や場所に基づくものではなく、国際的なレーシング・カーの色に基づくものだからです。車の色を調査するのは、概して時間の無駄だと言えます。メーカーは、50年前に使った色の記録を持ってはいません。車のオーナーや工場主の気まぐれで色は変わります。車は錆び、塗料は戸外で色あせます。赤というひとつの色で有名なフェラーリでさえ、長年のあいだには可能な限りのさまざまな赤を使ってきました。しかし、少しばかりの学識は手に入るので、私は、短いけれども興味深いレーシング・カラーの歴史を、p181-182の “パレットの解説” で一覧にしてみました。そのためこのパレットは情報に基づくものではありますが、それでもなお、非常に個人的なセレクションであることには変わりありません。スポーツカーの赤が2色、イギリスのレーシング・グリーン、それにヴィンテージ・ホワイト。ささやかな選択です。ヘンリー・フォードなら、慎重な態度でこれに同意してくれたことでしょう。

右：デービッド・カーターは、決して問題を避けて通ることはしないデザイナーです。妻のリジーと共に暮らすロンドンの家では、このパレットの赤とグリーンの角をつまんで、室内装飾を格好よく決めています。グリーンにゴールドの塗料を混ぜて下塗りし、華やかな1930年代と40年代の家具を置くことによって、はるかに柔軟な色彩設計を行っているのです。この部屋は、刺激的で興味をそそられるような空間に仕上がっています。

このパレットはグレーのビューアーでごらんください。

44 赤とグリーンの物語part 2:イングリッシュ・チンズ

歴史が生み出したあらゆる赤とグリーンのパレットの中でも、マゼンタ・レッドとセージ・グリーンを組み合わせたこのパレットほど感じのよいものはありません。優美な19世紀フランスの、プリント柄リネンやチンツの壁紙のパレットです。これらの色は、1950年代や1920年代、さらには18世紀や19世紀からある色です。また、これらの色は中世風でもあります。それは単純にこれらの色が、大青やインディゴからブルーを、黄花モクセイソウからイエローを、そしてさまざまな濃いピンクや赤はアカネの根から作るふつうの染め物繊維の色だからです。

しかし、最初に赤とグリーンをもっともうまくまとめた使い方がされたのは、17世紀のインドでのことでした。そこから、このパレットの様式がヨーロッパ中に広がったのです。この色見本はすべて、印刷インクでは肩を並べることもかなわない美しい色で染められた極上のシルクに、花の模様を型どった刺繍をきめ細やかに施した、マーガルの壁掛けや敷物にマッチしています。これらの色をすべて使い、バランスの取れた明るい感じにするには、マゼンタを控えめに使うことが肝心です。地色を多くとり、グリーンの量のバランスがとれていなければいけないのです。赤やピンクは補助的なものです。赤とピンクの色見本部分を隠して、グレーのビューアーで試してみてください。

または、グリーンとピンクを自由に合わせて使ってみてください。

1 セージに似たグリーンですが、イエローをもっと多く含んでいます。多くの“歴史的な”グリーンの塗料に似た色です。マーガルの壁掛けに描かれた木の葉の色です。赤に対して多めに使ってください。

2 ニュートラルなオフホワイトの地色。赤と対照させるように近くに置いて調整したり、グリーンをサポートするのにもとても便利な色です。

3 マゼンタレッドのピンク。かなり濃い色です。グリーンと合わせてたっぷり使うことができます。この2色が一緒になると、とても柔軟性のあるパレットになります。

4 マーガルの壁掛けで、花の色としてピンクと合わせられた深いマゼンタ・レッド。注意して使ってください。

5 歴史的に、グリーンの生地は、ブルーの染料に黄花モクセイソウなどイエローの染料を上染めして作られていました。時が経ち、イエローの染料が色あせると、下にある大青やインディゴの柔らかなブルーが見えてくるようになります。この色は、このパレットのピンクやグリーンをよく引き立たせます。

6 この色は色調や濃さが左の色と同じで、これと一緒に使うことも、このパレットの中の色を組み合わせて使うこともできます。

このパレットは、白を背景にしてごらんください。

上：こうした色は、ビルや広い場所で大きなインパクトを与えるために使われますが、このパレットの最初のインスピレーションにしたがって、昔から小さな模様の中にも見られました。バラなどのワイルド・フラワーです。キャス・キッドストンは、こうした様式を再現させる、今人気のデザイナーです。

45 赤とグリーンの物語part 3:イタリアン・パンチ

1,2 最初の1組は、1350年に登場した組み合わせです。黒くした深いグリーンには、ブルーも含まれています。赤は少しくすんだバーミリオンの色合いで、比較的混じりけのない色です。グリーンが完全な黒に見えるのを避けるためには、この色を赤に対してディテール・カラーとして使うのではなく、広い範囲で使ってください（パレット43の写真を参照）。赤は狭い範囲に使うと映え、グリーンの前で “漂っている” ように見えます。

3,4 歴史的にはオレンジ色に相当する鉛丹です。その明るい色調が、非常に暗いグリーンを力強く引き立たせます。このコントラストのおかげで、2色の色合いはどの色相環においても補色関係にはならず、その色相環の3次色を共有します。その結果、グリーンの地色にオレンジ色のディテール・カラーを合わせると、はっきりと分かりやすくなります。しかし前述のように、この関係が逆になると、暗いグリーンは黒に見えます。

5,6 カラー5も濃い赤ですが、より鮮やかでオレンジ色に傾いた色です。ここでは、カラー6のグリーンが降参してしまっていて、対照させるにはあまりもひ弱すぎる色合いです。このグリーンが太刀打ちできるとしたら、それは量をたっぷりと使った場合だけです。この2色の組み合わせでは、赤は控えめにしなければ、グリーンがグレーに見えてしまいます。

赤とグリーンを対話させるかのような組み合わせは、色の歴史の中を脈々と流れる壮大なテーマのひとつです。しかし、ピンクやパープルやオレンジ色の概念にかかわる副次的なテーマもあり、芸術家の頭の中にはどのようにすればこれらの色にもグリーンの相手として価値が出せるかという思いがあります。

チラチラと揺らぐ補色効果を生む、純粋なスペクトルレッドと純粋なグリーンとの組み合わせは、20世紀以前には一般的なものではありませんでした。似たようなものは中世のファッションにもあり、異なる色のローブを組み合わせて着用していましたが、その2色が補色であるという概念が生まれたのはずっと後になってからのことでした。歴史を通じて見ると、一方の色または両方を明色に変えたり、暗い色調にしたり、グレーを帯びさせたり、色調をぼかしたりといった色の調整はよく行われてきました。

このページの色のレファレンスは、イタリアのトスカナやシエナのルネサンス調に塗られた家具に由来するもので、そこで交錯する赤とグリーンの装飾は700年前に試みられたものでした。

ファッション・デザイナー、オズワルド・ボーテングは、ためらいもなくこの2色を使い、これらの色をもっとも効果的に見せています。上品な木材や図案化された素材が、自由奔放な赤とグリーンの関係をうまく取り持っています。

このパレットは、グレーのビューアーでごらんください。

46 赤とグリーンの物語part 4:フレンチ・ピンク

1 クールでブルーがかったモーブピンク。右のアシッドグリーンと合わせると非常に対照的で、刺激的な組み合わせになります。

2 濃く、シャープなグリーン。ほとんどの色に映えますが、特にパープルと合わせるとよく映えます。

3 典型的なセーブルピンク。おそらくポンパドール夫人が考案した色で、その名にちなんで後に“ローズ・デュバリRose DuBarry”と呼び名が変わりました。白をたっぷりと含んでいるため何にでも向く色になっており、ブルーも十分に含んでいるので甘ったるくなりません。

4 左にあるピンクの補色にあたるグリーン。“セーブル・ヴェール”を代表する色です。この色も白を含んだ明色です。

5 一般的な濃いピンクで、セーブル焼きの“ファミーユ・ローズ”を代表する色です。輸入された東洋陶器を模倣して塗られた、昔のオランダの陶磁器の色でもあります。

6 セーブル・ブルー。“ブルー・セレスト”の一種。白を含んでいて明るく、“ファミーユ・ヴェール”や“ファミーユ・ローズ”の色調のバランスをとります。

このパレットは、赤とグリーンの織りなす高貴な対話を続け発展させるパレットです。このページの下の4色はピンクと柔らかなグリーンからなり、ほとんどブルーに移りつつある色合いのグリーンが、このパレットの全体的な特徴を醸しだしています。しかし、一番上にあるペアのコントラストは非常にはっきりとしています。ピンクは見るからにブルーに移り変わろうとする色合いで、グリーンはイエローに向かっています。そしてブルーとイエローもまた補色同士なのです。赤とグリーンが複雑に戯れているような組み合わせになっています。

　このパレットがおもしろいのは、一番上の色のペアはレファレンスの本来の起源、中国の磁気から来た色であるのに対し、他の4色はフランスの18世紀の様式で、セーブル工場で作られた色だからです。セーブルの工場では1760年代に東洋の輸入陶磁器の模倣が始められ、これによって国内の需要が満たされました。しかしどちらの場合も、これらの色は年月とともにゆっくりと色あせていき、19世紀終わりまでには（セーブル焼きを模倣した壷“ヘアウッド・ボトル”の）ピンクは暖かみを帯び、少し色みが弱まってしまいました。

右：ポンパドール夫人の部屋を復元したものです（ヴェレル・ド・ベルヴァル社のシルクのカーテンを使用）。これほどセーブルの趣を持つものはないでしょう。“ヴェルサイユの宮殿”の監督官ピエール・シャンヴィエール・ハンスとクリスチャン・ボールスの監督の下に復元されました。

このパレットは、白を背景にしてごらんください。

左：このパレットのモチーフは、アイスランドの織物です。1880年代からの由緒あるこのインテリアもまた、北欧のものです。この家は、スウェーデンの芸術家、カール・ラーションとカリン・ラーションが住む、“リッラ・ヒュットネス”と呼ばれる家です。

47 自然の染料

1 白が混ざったイエローオーカーで、素朴なイエローです。装飾に向く色です。

2 明るいブランズウィック・グリーン。19世紀には家の外装用塗料として使われることの多かった色で、1900年代以降は多くの国際的な表色系の標準規格色として採用されています。

3 わずかに白を含んだ、最高品質のオレンジ・バーミリオンの顔料です。歴史を通じて、手に入りにくく高価な色として使用されてきました。たとえ控えめに使ったとしても、このパレットの中でいちばん重要な色です。

4 この色のおぼろげな感じは、見る者を引きつけ、特に他の色でまわりを取り囲むと、魅力的な印象が増します。（1700年代初めから安く手に入れることのできた）プルシアンブルーとイエローオーカーを混ぜて作ることのできる塗料で、18世紀以降、多くの国々で家具の色として人気のある色です。

この4色のコレクションには、どこかとても満足させてくれる趣があります。そして、これらの色にはみな確かに、どこか“退いた”ところがあるのです。赤は淡く、日焼けしたように少々オレンジ色を帯びたベークドビーン・ソースの色です。イエローは麦わらの色で、グリーンはイエローがかって暗く、ブルーは深いターコイズです。よく考えると、これらの色はもちろん4原色（赤、イエロー、ブルー、グリーン）の一種で、ひとつのパレットとしてまぎれもなく原点となるものなのです。それにもかかわらず、これらの色ははっきりと区別されておらず、微妙にお互いのあいだに染みこみあっています。赤は、イエローが加えられて薄くなっているように見え、ブルーはグリーンに、グリーンはイエローに染みこまれていて、イエローには全部の色を混ぜた色が染みこんでいます。色をうまくひとつにまとめるカギは、色同士のあいだで巧みに色を混ぜ合わせることであることが多いのです。

このパレットの元になったものは、比較的孤立した文化を持つアイスランドの17世紀の織物です。パレットはシンプルで、独特な色をしています。地衣（岩や木につくコケ）や大青などの植物から採った、もっとも一般的な染料で染めたウールの色です。また、歴史的に重要な4つの染料を表す色でもあります。

このパレットは、グレーのビューアーでごらんください。

48 考古学の色

上：色というのは、決してひとりでに“歴史的”なものになるのではなく単に色なのですが、色を合わせて使った場合には、古代のものごとに対する関係を連想させるようになります。アントワープにある建築家ジョー・クレペインのこの部屋は、それをよく表しています。パレットの素朴さは、その場所に時間の超越と永続性をもたらします。

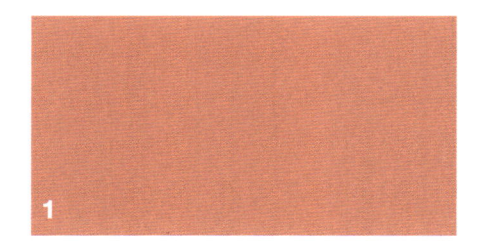

1 このくすんだ赤は、赤鉄鉱のベンガラの特長をすべて持っています。ブルーと合わせて使ってみてください。

2 深いグリーングレー。黒に近い色で、ミノス文明の絵画の中でも線画に使われた色です。全般的に、ブルーやイエローとよく合う色でもあります。

3 ピンク色を放つ、チョークのようなオフホワイト。湿った石膏の色です。

4 この淡く優美なコバルトブルーは、他の目立つ3色とも競えるほど十分な強さを持っています。これと同じ縦列の他の2色を、パレット41と比べてみてください。美しく使いやすい色です。

5 濃いゴールデンイエロー。まず強すぎるため、オーカーにはなりえない色ですが、他の色に対しては便利なディテール・カラーで、特に黒に近い色やブルーとよく合います。

バランスのよくとれたパレットです。色の上にくすんだ膜がかけられているように見えます。このくすんだ感じの仕上がりが色を壁の方へと押し返すため、控えめな印象を与え、装飾や広い範囲に使うには理想的な色になっています。実際には、これらの色はとても古い色です。もっとも古い色のパレットを探求していくと、昔から複雑な組み合わせの顔料を使っていたエジプト人が1番古そうですが、本当に最初の芸術家は穴居人で、フランスの洞窟で見つかったもっとも原始的な手彫りのステンシルは、赤やオーカーで着色した土とたき火から出るすすや木炭で仕上げられていました。彼らが使った4色（オフホワイトの石を背景に、イエロー、赤、黒）は、今も原住民の芸術家によって使われています。

このパレットは1歩先をいくパレットで、1,000年のあいだ地中海の壁画を制していました。クレタ島から発祥し、紀元前15世紀から16世紀のミノス文明で壁画家が描いていた色を表しています。この色は、紀元前3世紀のエトルリア文明のフレスコ画でも使われていました。赤は美しく純粋で、イエローは鮮やかで、ブルーは柔らかな色合いです。古代クレタの住民は、地中海中で活発に交易を行い、津々浦々から最上の素材と顔料を集めました。同時に、他の社会から深く影響を受けており、こうしたことからこれらの色は、ギリシャ・ローマ古典以前の色でもあると推論することができます。事実、このパレットは、紀元前13世紀以降ギリシャ本土にあったパレットなのです。

このパレットは白を背景にして見るか、グレーのビューアーでごらんください。

49 素朴な原色

このパレットには、素朴な快活さがありますが、おそらくそれは、これらの色が岩や砂や空の色だからであり、また、子供っぽさのある原色を有機的な色合いにしたものだからでしょう。赤にイエロー、ブルー、黒。ただグリーンだけがありません。

しかし、シアンブルーの補色はイエロー（この4色のパレットの中では暖かいイエローで、光の原色と2次色の中では純粋なイエロー。10～11ページのカラーモデルを参照）なので、ここではもっとしっくりこなさそうですが、そうはならない理由のひとつは、このパレットの起源と関係があるようです。これらは暑い国の風景の色というだけではなく、何千年も使われてきた鉱物から採れる顔料の色でもあるので、私たちは無意識のうちに親しみを感じるのです。

このパレットは、私たちの文化的な先祖のパレットです。ミノス文明を持つ古代クレタ島人やギリシャ人は、これを自分たちの欠かすことのできない基本的なパレット（パレット48を参照）として使い、ローマ人もこの色を受け入れ、また先住アメリカ人のあいだで使われた色でもあります。しかし、ここにあるように濃いブルーをふんだんに使うと、特にこれらの色の原点である古代マヤの壁画を彷彿とさせます。

1 オレンジ色がかった美しいアースカラーの赤。質のよい酸化鉄の顔料の色です。

2 “マヤ・ブルー”と呼ばれる濃いブルー。インディゴからできる顔料の色です。赤を隠して、この色がどんなに黒やイエローとよく合うか見てください（パレット41を参照）。

3 イエローオーカーの色で、上の赤と姉妹のような関係にあります。その色調の強さと深さ（鮮やかな原色のイエローに比べて）は、黒と穏やかな関係にあることを意味しています。ブルーと黒とイエローの、これとは違った関係は、パレット41で見ることができます。このパレットと比べてみてください。

4 使いやすく澄んだ、上のブルーの明色。赤とだけ、またはイエローと黒とだけ合わせて使ってみてください。

5 黒は、ずっと昔の壁画では線を引く色として使われていますが、鉱物の顔料を基礎とする多くのパレットでは重要な役割を担う色です。

このパレットは、白を背景にしてごらんください。

ブエノスアイレスのホテル、ボクイタス・ピンタダスに影響を受けた1950年代の寝室。マヤのものではないかもしれませんが、マヤもブエノスアイレスも同じ南米大陸にあります。1950年代には、古典的な古代の色彩設計が現代の生地や製品のデザインに融合されました。

complex palettes

50 北国の光

上：陶器職人で画家であるルパート・スパイラの英国家屋は、光と色の扱いが見事です。彼の装飾パレットには、およそ伝統的な顔料はすべて含まれています。

1 暖かみのある、チョークのようなオフホワイト。強い光の下ではクリーム色に見えることがあります。外装用に向いたオフホワイトです。白とローアンバーとイエローオーカーでできています。

2 逆光を受けたプレーンな磁器の色。ライス・プディングの色でもあります。オレンジ色の暖かみがあるので扱いにくくはありますが、便利な色です。このパレットのグリーンやブルーの多くをよく引き立たせ、外装用に使われることも多い色です。

3 甘ったるく見えるけれども、歴史的な場所に使われていることの多いピンク。陶磁器のブルーとよく合い、下地にブルーが入っているので、光の加減によって色が変わります。私のダイニング・ルームの色です。

4 バイオレットやグレー、ブラウンを含む、おしゃれな色のグループの一部です。この色もカスプ・カラーで、光の加減によって著しく色が変わります。クリーム色や白と一緒に使ってください。

上：色は古い家に使うと効果がよく出るとはいえ、現代的な環境には使えないというわけではなく、これに関して言えば、北方気候以外の場所に使えないということでもありません。建築家バート・ペプラーは、南アフリカのカーク・ベイにある自宅にこのパレットを少し使ってみています。

鮮やかな赤道直下のトロピカルカラーは疲れて見え、似つかわしくなく手にあまります。空が広く曇っている地方や、特に雲が厚く低くたれこめているイギリスやオランダや北アメリカの一部のような地方では、フル・スペクトルの日光がフィルターごしにしか入ってきません。スペクトルの青色側の色は雲に妨げられませんが、赤やオレンジ色の端の色は相当に妨げられてしまい、青色がかった光に照らされたいわゆる“どんよりとした日”になってしまうのです。この北国の光のパレットは、これに何とか手を打つために計画されました。イエローとピンクと赤はみな、青い光を分からなくするための複雑な顔料（塗料の中ではこれらは、イエロー・オーカーやレッド・オーカーといった土性顔料です）として計画されたものです。このおかげで、例えば北向きの部屋でさえイエローオーカーでできたクリーム色がグリーンがかってしまうことはなくなりました。このパレットには、優勢になっているブルーのスペクトルの光を微妙かつ複雑に生かすブルーとグリーンを加えています。

このパレットは白を背景にして見るか、グレーのビューアーでごらんください。

50　北国の光

5 理想的なクリーム色。塗料の場合は、白とイエローオーカーを混ぜたものだけがマッチします。自然の光の下ならどんな状況でも、冷たく見えることもグリーンがかっても見えることも決してないクリーム色です。

6 イエローオーカーだけでできたイエロー。複雑で、くすんだ色合いの顔料で、光が十分になく冷たい色みの光の下では、グリーンではなくブラウンに変わる色です。

7 冷たくニュートラルな石の色。ローアンバーと白の顔料からきています。

8 深く暖かみのあるグレー。外にとり残された古いかしの木の色です。

9 私がこれまで使ったことのある色の中で、もっとも美しく純粋な色のひとつです。とても親しみやすく誠実な色です。

10 カラー9の、より濁った色ですが、とても便利な色です。

11 深いクリーム色。赤を多く含むほど、明るい光に対する耐性が高まります。土性顔料で作った塗料を思わせます。

12 深いイエロー。強烈な光にも耐性があり、主にイタリアの場所やそこで歴史的に使われていた様子を思い起こさせます。

13 少々油っぽい感じの、複雑でおもしろいグリーン。外装に使うとよい色です。

14 これも石の色で、カラー8の明色です。カラー7と一緒に使うと、自然な明色同士の集まりになり、このパレットの他のどの色でも迎え入れるような色合いになります。

15 カラー10をより複雑でグレーを帯びさせた色。外装に向く色です。

16 アウトドアに向いた深いブルー。このページの一番上の列にある6色の一部として、装飾カラーに使ってください（下半分を分からないようにして、効果を確認してください）。

17 砂の色。これも土性顔料からできた塗料にマッチします。それ自体が砂や石の真の染色素材である酸化鉄を含んでいます。

18 ゴールデンオーカーの明色。左側縦2列にある色と合わせるか、大きな効果を出すには、カラー17と23と24だけを合わせてください。

19 感じのよい、少しブルーがかったグリーン。美しく鮮やかな色です。このパレットのグリーンを使った比較的大きなグループの一部として使うとよく合い、また、そのグリーンのどれか1色と一緒に使ってもよく合います。

20 少々伝統的な趣のある装飾塗装用のグリーン。グレーがかった、ほのかな色です。この中では装飾塗装にもっとも向いた色です。

21 美しく、パープルがかったブルー。白にウルトラマリンブルーを加えて作った色です。私のベッド・ルームにも使っていますが、1日中、光が変わるにつれて趣を変える色です。

22 カラー21を濃くした色合い。外装に向いています。

23 土のような砂の色。この色も、土（粘土）の顔料で作られています。

24 テラコッタはさまざまな色になります。この色は、明るい色の陶器に合わせるための色で、陶器の粘土と同じ土の顔料から作られた、暖かくピンクっぽいブラウンです。

25 昔からダイニング・ルームや画廊の塗装に使われてきた色で、カラー26を明るくしたインテリア・バージョン。室内で使うのにぴったりな色合いです。

26 モロッコからフランス北部、ノルウェーからアメリカと、伝統的な（特に木造の）建造物は、赤鉄鉱（酸化鉄）から作られた、この色のような色合いの赤で塗装されてきました。この色の場合は、暖かみがあり断固とした、陽気な色合いです。

27 美しく断固とした色合いのセージグリーン。ブルーをふんだんに含んでおり、光の加減によって趣を変える色です（したがってカスプ・カラー）。

28 これも断固とした色合いの、ブルーがかったグリーンですが、活気のつく色です。積極的な印象を与える色合いで、外装によい色です。

このパレットは白を背景にして見るか、グレーのビューアーでごらんください。

51 チョコレート・アイスクリーム・サンデー

ケープタウンの美術品商、マイケル・スティーブンソンの部屋で、レカミエ夫人の部屋を現代風にアレンジしたスタイルです。柔らかで曲線的ですが、その表現には注意深い調整がなされています。

本書のパレットはどれも、特定の対象物やある時代や場所を代表する色彩設計から引き出されたものですが、それらは、ずっと大きな構想の中のほんの一握りのことを伝えるにすぎません。私は、こうしたパレットを大きく複雑な概念の大使のようにとりあげては危険であることは承知しています。例えば、18世紀のすべての色を表すのも、その時代の究極を表したような部屋を示すのも不可能なことです。このため私は、もっと分かりやすいパレットにするために、モチーフをいくつか集めたり、他の人々が調査したものを照合したりして、その中から選んでひとつのグループにまとめた色を示すというという方法に頼ることが多いのです。

しかし、ここでは、確信を持ってひとつのモチーフに頼ることができました。これらの色は、莫大な財産を持つパリ生まれの銀行家の妻レカミエ夫人の、1802年頃の寝室の水彩画に由来しています。レカミエ氏は、1798年に自宅の改装をデザイナー、ベルゾールに委ねましたが、その設計は当時もっとも斬新でファッショナブルなスタイルで表現されています。シルクで飾られ、クラシックなブロンズの芸術品の複製が置かれた、ローマ風とギリシャ風が織り交ぜられたインテリアです。この新しいスタイルに興味がある人がみな訪れたため、この家はフランス皇帝様式となるべく実例として世に影響力を及ぼすようになりました。このパレットには、きめ細やかなバランスのとれた色の組み合わせの手本として際立つものがあります。

1 レカミエ夫人の壁掛けの色、バイオレット。この色でシルクを染めると、うっとりするような色になるのは間違いありません。使いやすい色で、特にクリーム色や白とよく合います。

2 ほんの少しオレンジ色がかったクリーム色。バイオレットと合わせてもよく、また、もっと素朴な20世紀初めの色彩設計にするには、ピンク色と合わせて使ってみてください。

3 涼しげなブルーがかったピンク色。インディアンレッドの明色です。バイオレットと同じようにカスプ・カラーで、一緒に使うと、光の変化にとても敏感な色彩設計ができあがります。

4 赤みがかったブラウン。レカミエ邸の家具の色です。このパレットの中の色を自由に使ってください。または、主調色として使ってください。この4色を、"北の光"のパレットの最初の4色と比べてみてください。

このパレットは、白を背景にしてごらんください。

4

London Interiors
London In

52 無垢なパウダー・ブルー

このパレットは、この前の2つからは脱却したパレットです。赤やオレンジ色と戯れ、ニュートラルな色を選び、それらを繊細なライラックやまったく汚れのないブルーと巧妙に混ぜ合わせて魅力あふれるものにしています。ここでのキー・カラーは、実際にはブラウンとパープルで、どちらもパレット全体を安定させ力強さを与えるのに役立ちます。パープルは、（たいていの場合そうですが）繊細な感じに表現されています。

しかしこれに活気を与えようとするなら、ブルーに及ぶものは他にありません。ブルーがなければ、このパレットは死んでしまいます。その冷たい存在が非常に洗練された配色を作りあげ、現代人の目にはとても魅力的に映るのです。けれども実際には、これらの色の多くは共に19世紀初めの生地や壁紙に使われていたものです。

1 絵のように美しい赤い部屋。濃い、あざのような色で、ブルーがかった断固とした色です。3つの赤が各々違った特徴を持ち、それでいてうまく調和を保っている様子をよくごらんください。

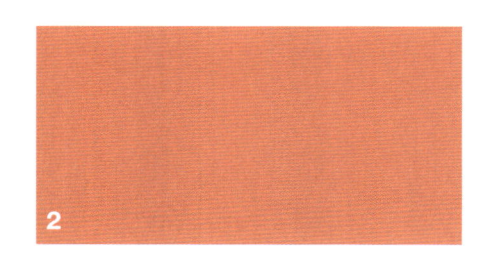

2 さび色のオレンジ。赤とは濃さが同じなので、よく合います。どちらもスペクトルの同じような部分から来た色ですが、感じる温度が異なります。赤は暗く冷たく、この色は明るく暖かく感じるのです。

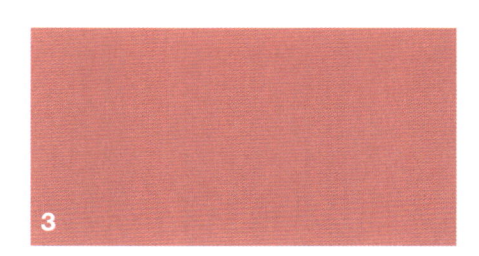

3 スペクトルの同じ場所から来た3つ目の色ですが、くすんだ色なのでより使いやすく、カラー1よりも柔らかな色みになっています。ブルーや下の2色と一緒に使ってください。

4 うさん臭いくらい晴れ晴れとしたブルーですが、少し冷淡な晴れ晴れしさも持った色です。歯磨き粉によくある色で、この色に活気を与えるには、他の色を合わせてやる必要があります。

5 とても薄いバイオレット。ブルーとこのページの他の色とを結ぶ架け橋の役をする色です。この色を隠すと、どんな風になるか見てみてください。

6 スラッジ：ブルーがかったグリーン・グレー。この色を最初に選ぶ人はまずいませんが、この色のようなアンバーを基調としたブラウンは、多くの色彩設計において非常に貴重な"定着させる"色です。

左：ここにあるような折衷主義のパレットは、折衷主義の色彩設計に合います。シドニーにあるこの部屋は、ティム・ジャネンコ・パナエフによる、生き生きとした組み合わせの20世紀スタイルです。イームズの椅子に、デンマークの60年代のコーヒー・テーブル、それに現代風の敷物。さまざまなアースカラーの赤と戯れているようなスタイルで、少量のペールブルーがその赤をみなピンで留めたように落ち着かせています。

このパレットは、白を背景にしてごらんください。

53 灼熱の地のブラウンとブルー

1 少しの汚れもない、澄んだイエローオーカーのクリーム色。豊かで暖かみあり、このパレットから作った組み合わせの背景や骨組みとして機能する色です。

2 土のようなピンク。インドのジャイプールやモロッコのエッサウィーラ、タルダンの街の壁の色です。繊細さも人工的に手を加えた跡もみじんもないクールなピンク色です。たくましい色なのです。

3 濃い、砂のようなオーカー。上の明色は、この色から出たものです。キー・カラーとして使うか、同じ縦列の色またはこの8色の中の中央の4色とだけ合わせて使ってください。

4 正面切ったような堂々たる鉄の赤鉄鉱の赤。ブルーがかった、くすんだ色合い。世界中どこにでもあるふつうの色です。このページの一番上にある他の3色と合わせて使ってください。

5 ウルトラマリンブルーの明色で、そのためパープルに傾いた色です。インディゴで染めたブルーでもあります。よくもつ色で、一緒に置かれた色にかかわらず色の恒常性を保ちます。中央にある他の3色と合わせて使うか、下の4色で構成するパレットの一部として使ってください（他の色を手で隠して、この色の鮮明さがいかに変わらないか確かめてください）。

6 タール砂漠やサハラの街の壁、干上がった地中海沿岸の鈍いとび色。地方の砂や粘土に見られる色で、そのため建造物の下塗りやモルタルやしっくいによくある色です。暖かみのある、ニュートラルなバフ色で、上のオーカーや下のグリーンと特によく合います。

7 このマラカイト・グリーンはグレーがかった、くすんだ色合いで、ドアの塗装や細かな部分を装飾した塗装がかすれた色です。上のブルーと合わせると、ダイナミックな組み合わせになります。

8 少しミルキーで、鮮やかな明色。ターコイズブルーとグリーンの間をさまよっているような色合いです。銅や青銅の表面にできる緑青の色でもあり、鉱物からできる塗料の色でもあります。

旅行に行くと、その場所がそのまま染みついたように異国情緒あふれる色が、私たちの記憶に焼きつけられます。特に強いパレットを持つ場所もあり、私は最初は別々のパレットを北アフリカと地中海とインド亜大陸にまとめようと考えました。しかし、これらは地理上の区域で見ると途方もなく広く、各々わずか半ダースほどの色に要約するのは到底無理なように思えました。ともかく、個別に記憶に焼きついた部族や村や街のパレットが無数にあることは間違いありません。それで私はあきらめることにしました。しかし、これらの広大な陸塊の建築に使われている色の大多数を見ると、同時発生するものや類似するものも生じ始めていて、それはあまりにも興味深く記録に留めないではおられません。そこで、ここに示すのが、この暑く乾燥した3つの気候に属する非常に一般的な色のパレットなのです。モロッコやインドやギリシャでいつも目にする色には、モロッコ人の衣装やモロッコのマラケシュやギリシャの村々のブルー、サハラ砂漠やタール砂漠のオーカーや砂の色、銅を基調にしたブルーがかったグリーンの塗料などがあり、また、インドのジャイプールやモロッコのエッサウィーラの壁にはアース・ピンクが見られます。こうした建造物の色はこれらの場所を表すものです。むしろこのパレッ ~は、大西洋からインド洋に及ぶ巻き布の文化への近道とも言えるかもしれません。

このパレットは白を背景にして見るか、グレーのビューアーでごらんください。

色の伝統的な表現や部族的な表現は、拾い上げて現代の色彩設計に落としこむことができます。このニューヨークのロフトでは、このパレットが特注のパースペックスの間仕切りにそのまま使われています。家具はイームズとベルトイア、陶器はラッセル・ライトのものです。

上：これらの色は、もちろん砂漠地帯に限られてはいません。これは北欧のエクシャラーズガーデンにある領主の邸宅の客間です。

右：このパレットには、深いウルトラマリンブルーやインディゴが思うままに使われているのが分かるでしょう。ギリシャの通りやインドの壁、そしてモロッコの家々に見られるパレットです。これはタンジールの近くにあるフランソワーズ・ドルジェ（インテリアの店“キャラバン”の創設者）と建築家のシャルル・ショーリアージュの家です。

53 灼熱の地のブラウンとブルー

ブルーという色を見ていくと、さながら、珍しいスパイスが異国から地中海へと伝わって行った跡をたどっていくかのようです。特にこれらのブルーは、今では一般的な染料によって製造することができますが、元々はアフリカやインドからはるばるやって来た色です。

インディゴは、その名が示すとおり、ローマ帝国のプリニウスの時代にインドから運び出され、19世紀終わりに合成のインディゴ染料が見いだされるまで、中東での青色染料の主な原料となっていました（ヨーロッパでは、天然のインディゴに相当するのは大青でした）。また、インドのジョドプルの顔料とされていました。ウルトラマリンブルーの顔料はアフガニスタンのオクサス川に由来し、11世紀から12世紀のあいだ頃、ラピスラズリから精製されてできた濃く深いブルーです。これより、その後1800年代のフランスで合成の色が作られるまで、世界中で広く人気を得ていました。以前からあったアジュライト・ブルーやエジプシャン・ブルーは、コバルトブルーやカッパーブルーのガラス（これからエジプシャン・ブルーは作られました）として何千年も前にエジプトで使われていました。最近になって、画家のイヴ・クラインが、ウルトラマリンの合成染料を多数作り出し、その中には、彼自身の名前をつけた“インターナショナル・クライン・ブルー”もあります。建築家で画家のルイ・マジョレルが、これによく似たウルトラマリンを使ったのもよく知られ、その色は彼が1924年にマラケシュに作った庭園にある青い家“ブルー・マジョレル”で今も有名です。この庭園は、近年ファッション・デザイナーのイヴ・サンローランによって復元されました。

インドや北アフリカからは、ブルーが数多く生み出されており、今もなおブルーの発祥の地であり続けています。

左：ルパート・スパイラは、パレット50の“北国の光”にある色をふんだんに使ってイギリスの自宅を装飾しましたが、この部屋は暖かい国のイメージを取り入れているように見えます。どちらのパレットも、自然のものに由来する染料のパレットなので、全体的な相性がよいのです。

このパレットは白を背景にして見るか、グレーのビューアーでごらんください。

9 他の色が混ざった、濃い、大青やインディゴのブルー。少々グレーを帯び、パープルがかってもいます。濃いけれども楽しい色で、となりのバーントオレンジと合わせると活気づく色です。

10 バーントオレンジ。アースカラーで、下のブルーやグレー・バイオレットと合わせて使うと、一風変わった組み合わせになります。

11 これもウルトラマリンの一種で、インディゴの明色です。青空をのぞきこんでいるような、暖かく軽やかな感じを与えます。前のページにあるような自然なブルーのパレットを作るには、上や下の色とだけ合わせて使ってください。

12 このパレットの中の他のブルーより涼しげで、コバルト（顔料）をより多く基盤にした色。特に、上のバーントオレンジとよく合います。アジュライトの顔料から作る色としては、どの色よりもぴったりな色でしょう。

13 くすんだウルトラマリン。カラー16のような圧倒的な強さには欠けますが、それだけに使いやすい色です。特に、下のターコイズグリーンを少量使って際立たせるとうまく使えます。

14 暖かみのあるグレーをたっぷり含んだ、使いやすく、複雑なバイオレット。このパレットの中央にある他の3色と合わせ、中心となる色として使ったり、下のカラー16を押さえ込む手段として使ってください。

15 中東の陶器の釉薬、ターコイズの色で、このページでグリーンの色みを持つ唯一の色。少しくすんだ色合いは、この前のページのカッパーグリーンに結びついています。カラー10と合わせるのを避けるか、この2色の難しい関係をうまく逆用してみてください！　元々、インドやモロッコから来た色で、広々と使ったカラー16のディテール・カラーとして持ってくるとよく合う色です。

16 コバルトガラス（顔料ではなく）や、インディゴで染めたシルクやウルトラマリンブルーの顔料の色です。

54 真新しい白い箱のための色

1 艶のないパープル。珍しい酸化鉄のパープルの特徴がよく出ています。これと同じようなブルーや赤に比べると、憂鬱な感じや脅迫的な印象は少ない色合いです。下のイエローとよく合います。

2 暖かな色合いのブラウン。赤みがかった、はっきりとした色です。このパレットの中の他の全色を調和させるために使うことができ、各々の色を本来の色へと向かわせ、パレット全体のコントラストを抑えることができます。

3 明るいオーカーイエロー。パープルと強い結びつきがあり、赤やブラウンと密接な関係にあります。このイエロー、またはパープルを除くと、このパレットの特徴は崩れてしまいます。

4 酸化鉄からはさまざまな赤（前に紹介したブルーがかったピンクを参照）ができますが、おそらくもっとも高く評価されている色は、オレンジ・レッドとブラウンの境目にある色合いでしょう。古い時代から現代まで使われている色です。

本書には、ブラウンがその中枢となり、全体を落ち着かせる役割を果たしているパレットがいくつかあります。また、不思議なことに、パープルがこれと似たような働きをしているパレットもあります。このパレットがおもしろいのは、ブラウンとパープルの両方を持っているところです。そのためこの色の組み合わせは、しっかりとしたものになっています。

4色ともに色相環の同じ方面から来た色なので、柔らかで互いに争うことのない穏やかな色合いをしています。これらの色はまた、少なくとも自然界では、鉄という共通の起源を通じた結びつきを持っています。これらは地質学的に世界中で見られる酸化鉄で、岩や石、大理石、粘土、砂などの中にできるものです。これらの色はパレット31の中にもあります。

そのため、酸化鉄の色が世界中の建造物の多くに使われており、特にへんぴな場所で使われていたとしても、驚くほどのことではありません。とても魅力的なこの組み合わせは、元々グアテマラの家々から来たものなのです。

このパレットは、グレーのビューアーでごらんください。

デービット・ミハイルのデザインによるロンドンの家は、濃く強い色を最小限の表現方法を使った白い部屋の中へどう取り入れるのか巧妙な仕掛けを見せてくれます。

55 ベジタリアンの原色

上：部屋をこのような色で塗ることが可能だとは思いもしなかったでしょう。これは日本ではなく、アイルランドのコテージの室内装飾で、驚いたことに、この狂気のさたのような色彩設計はうまく働くのです。

何世紀にもわたって、日本の色は、工芸や衣装、演劇、宗教を通じて、西洋文化の理解を超える儀式化された高尚な水準にまで発達し体系化されてきました。唯一日本でだけ、草はグリーンで信号機の“進め”はブルーですが、このような色の伝える微密な概念があるのです。

このような特徴が発達したのは染色技術によるところもあります。昔の日本の染物師は、中間色を作り出すためにさまざまな植物からの抽出物を試したり、上染めの方法を試みたりしましたが、ルネッサンスの時代になるまでは、西洋ではこのプロセスに大きな疑いを持って見てきました（グレコ・ローマンの、そして後のキリスト教の見方では、混ぜた色というのは色区分の体系を乱すものだとされていたのです）。このページの3色のパレットは、日本の生活における非常に儀式的な要素（17世紀から19世紀にわたる江戸時代の歌舞伎劇場）を表しています。これらは、毎回公演の開幕の度にかけられた劇場の垂れ幕を染める配色を踏まえて作られたパレットです。

1 もえぎ色を基調としたグリーン。たまねぎの頭のような黄色みを帯びたグリーンで、濃く出した緑茶のようにグレーがかった色合いです。濃く、ライムグリーンに近い色です。

2 歌舞伎劇場のブラウンも、非常に特有の色合いをしています。柿の渋から赤に黒を混ぜて抑えられた色合いのオレンジ色ができます。混ぜたり上染めしたりする技法は、明らかに、満足できる結果を導くことができます。そうしてできた色は、それ自体は目立つ色ではありませんが、他の2色と、特にグリーンと微妙な結びつきを持ちます。

3 江戸の歌舞伎の黒は、パープルやブルーを帯びたように見え、染めた布で見ると、印刷されたページの上で見るよりつやがあり、ずっと見やすくなります。

このパレットは、グレーのビューアーでごらんください。

56 ブラウンとクリーム色の重要性

1 イエローがかったモスグリーン。ブラウンかグリーンを合わせないと使いにくい色です。

2 この色の中にはイエローが少なくブルーが多く含まれており、クリーム色と非常によく合います。

3 薄く涼しげなクリーム色。ここにあるブラウンは非常に断固とした色ですが、それでもこのクリーム色は余裕のある色です。

4 濃い、赤みを帯びたブラウン。バーント・アンバーの色で、よく使われる、中心となる色です。

4色でできた非常に洗練されたパレットで、パレットは全体的にとても使いやすくなっています。キー・カラーとしてブラウンを1色使って、色彩設計を落ち着かせています。もしこれを分かりにくい色合いにすれば、このパレットの全体の特徴が劇的に変わるのは一目瞭然ですが、他の色はほとんど影響を受けません。おもしろいことに、ブラウンはパレットの中の中心となる色であることが多く、その影響力は強いので、パレットの中には黒よりもブラウンがあった方が意味があることが多いものです。

ここにあるのは、フランスの手腕シューとマールSue et Mareによる1920年代のアール・デコのインテリア・デザイン設計に由来する色で、これらの色に議論の余地はありません。例えば、赤みを帯びたブラウンと黒ずんだグリーンはあいまいな補色関係にありますが、よく似た色合いが不協和音を立てて衝突し合うということはありません。しかしこのパレットで機能している構造的な結びつきはあり、それは時代をモチーフにした他のパレットの中にも繰り返し見受けられます。クリーム色やブラウンのような色に対して、つながりのある組み合わせ（ひとつは明るく、ひとつは暗い）、柔らかな色2色（ここではグリーン）を使うのです。クリーム色やブラウンのさまざまな組み合わせを使って、この構造を追求し、その結果アール・デコのスピリッツがまったく同じように表現できるものか見てみるとおもしろいでしょう。

このパレットは、グレーのビューアーでごらんください。

1930年代の部屋ではありません。リチャード・ロジャースが建て、ジョナサン・リードが装飾したロンドンの真新しい部屋です。

57　全体をまとめあげる少量のブラウン

上：デザイナーのフィリップ・フーパーは、派手さを抑えて色を調和させる名人です。彼が海辺に持っている隠れ家には、その空間に色の物語が織りなされています。この写真のように洗練された色のパレットを選んで多くの細かな要素に分解しているのです。これは1985年に、海辺の脚柱を土台にして建てられた家です。ときどき、サーフボードを乗せたフォルクスワーゲンのキャンパーがやってくるのを楽しみに待っている家です。

1 つやつやしたチェリー・レッド。“キャンティ・レッド”と呼ばれる、ベンガラの混ざった色で、白と合わせるともっともよく映えます。この4色はみな、初期の頃のフォルクスワーゲン・キャンパーのバンや“マイクロバス”（メーカーがこう呼んでいた）の色です。

2 濃いシェンナまたはオーカー。その濃さがゆえに、特に豊かでつやつやとして見える“シェンナ・イエロー”です。

3 象徴的な車の1970年代を象徴する色、バーントオレンジ。これらの色はみなブラウンがかっているので、より味のある色になっていることに注目してください。

4 “ナイアガラ・ブルー”。この4色の中でもっとも控えめな色ですが、おもしろみがあり、他の色と同じようにとても使いやすい色です。

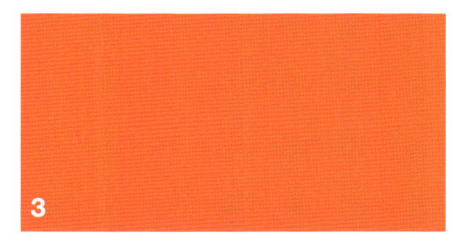

ミレニアムの色は鮮やかですがすがしい色でした。これらの色はパレット62から来ています。21世紀の最初の10年間は、今よりはるかに地味で懐古主義的な時代でした。1990年代終わりの鮮やかな色彩に見られる楽観主義は、柔らかな色やブラウン、バーントオレンジ、さらには1940年代、50年代、60年代の色に対するより複雑で抑えられた嗜好に取って代わるもののようです。ここにある色はその嗜好にぴったりはまっていますが、それは主にこれらの色が21世紀中頃のある種の象徴フォルクスワーゲン・キャンパー・バンに結びつきがあるからです。

このパレットは、白を背景にしてごらんください。

58 色の世界を巡る小旅行

1 くすんだターコイズ。複雑で、使いやすい色合いです。この色を隠すと、このパレットの特徴ががらりと変わります。

2 上の色と下の色とを混ぜた色合い。このパレットのバランスを変えるには、この色を隠してください。

3 上と下の色を混ぜた色合い。この色を隠して、パレットのバランスが変わるのを見てみてください。

4 深く濃いオーカーに似た、くすんだオレンジ色。この色を隠すと、このパレットの特徴ががらりと変わります。

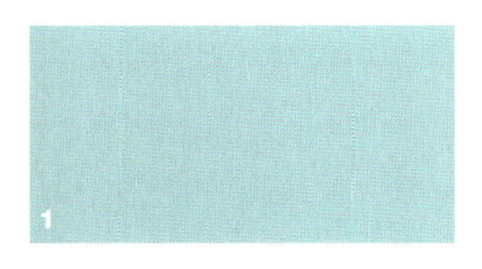

このパレットは、ある種の色遊びを代表するものです。今日、デザイナーやグラフィックデザイナーの中にはこれを活用している人もいます。これらの色の裏で働く定式を見出すのは難しいかもしれませんが、それは実に単純なものです。このパレットは、一番上の色と一番下の色とのあいだを旅するパレットで、色見本が多いほどその旅ははっきりとしたものになり、色が互いにもっと融合しやすくなるでしょう。しかし、この旅からほんのいくつかの色が取り出されただけで、このパレットはずっと希薄なものになってしまいます。

これはそのしくみを示すものです。一番上のブルーと一番下のイエローは、ほぼ同じ光度を持ち、同じようにミルキーです。この2色は混色のターコイズとオレンジの色合いで、3色ではなく4色を原色とする現代的な色相環の上でちょうど向かい合う位置にあります。原色の数が違うため色同士の関係が変わっているのです（8〜11ページのカラーモデルを参照）。

もし、ある色から他の色へと色相環を旅してみて真ん中に当たったら、そこはグレーです。しかし、その色が純粋な色合いではなく、ここにあるようなくすんだ色合いだったなら、その真ん中にもここにあるような混色のくすんだ色合いがあります。

右：コートニー・スローンの家の色彩設計は、このパレットの概念にしたがったものです。写真さえ、それにしたがっています（水の反射によって中間色が生まれています）。

このパレットは白を背景にして見るか、黒またはグレーのビューアーでごらんください。

59 薄いガーゼを透かして見る

上：よくあるケースですが、このパレットの中でもパープルがキー・カラーとなって安定させる役目を果たしています。エーゲ海のロードス島にある、この小さなホテルのオーナーはそれをよく分かって使っています。

1 ニュートラルなオフホワイトからストーンカラーの色合いで、地色となっている光沢の中にある1色に似た色です。

2 同じ色ですが、こちらは明色です。純粋な白を合わせた場合、相手の色は研ぎ澄まされ、くっきりとした印象になります。しかし、ここにあるオフホワイトを使うと、そのような影響を抑え、むらをなくし、バランスのとれた配色にします。これは、デラ・ロッビアー族によって完成された手法です。

この明るくミルキーな色の組み合わせは、16世紀終わりから17世紀初めのフィレンツェの、釉薬を塗ったテラコッタの陶器から選んだもので、デラ・ロッビアー族によって作られたものです。これらの色は、同じ仲間としての類似点が著しく、各々の色が視覚的に見てほとんど同量の有彩色や同量の白や黒を含んでいます。色合いが強すぎて飛び出してしまうような色はありません。そのため、これらの色はみな、ほとんどどんな組み合わせにした場合でも、とてもよく合います。これらの色の明るい色調（ミルキーな質感）は、白をたっぷりと使っていることから来るものです。グロスなどの光沢のあるコーティング塗料では、そのミルキーな感じは保たれますが、エマルジョンのようにマットなコーティング塗料では、チョークのような粉っぽい感じに変わってしまいます。

3 ここにあるグリーンにはみな、多量のブルーが含まれており、とても暖かみのあるイエローと合わせると、鮮やかなコントラストを描きます。このイエローとグリーンは、色相環の上では互いに可能なかぎり離れています。

4 デラ・ロッビアが作った、赤にもっとも近い色。

5 優美な草色。何色か混ぜ合わせたように見える色です。濃いけれども、おもしろく使いやすい色です。

6 グレーを含んでいるのでどこか冷たいブルーですが、彩色的にはスペクトルの純粋なブルーに近い色です。東洋の陶磁器のブルーにも似ています。

7 このエメラルドグリーンは、白やクリーム色の薄いベールがその前を漂っているように見えるおかげで、使える色になっています。屋外の装飾に向いた、深みのあるアップル・グリーンです。

8 カラー6の明色で、鋼のような鋭さを持っていますが、より使いやすい色です。カラー7と使うとバランスがよく、カラー3や5と一緒に使うと特によく合います。

9 デラ・ロッビアの典型的なゴールデンイエローで、よく、薄いブルーやグリーンを引き立たせるために使われています。オープンで誠実な、太陽やバターの色ですが、注意も必要です。多量に使うと圧倒的な印象を与えてしまうからです。カラー3や4や5や10と合わせて、これを和らげることができます。

10 おそらく、この中でもっとも親しみやすい色。くすんだ色合いにもかかわらず、自己主張のある色です。大青やインディゴの色に似ています。

このパレットは、白を背景にしてごらんください。

60 ブルーの冒険

このパレットの中には、濃い色、鮮やかな色、深い色、薄ぼんやりとした色、薄い色、中間の色と代わる代わるさまざまな色が含まれていますが、それがパレット全体を微妙で複雑なものにしています。ここにある色はほとんどどんな組み合わせにすることもできます。しかし、キー・カラーはターコイズとマゼンタです。この2色は、視覚的にはイエローのように2次色で、赤やグリーンやブルーよりずっと多くの刺激を網膜の錐状体に与えます。このパレットでの役割はブルーを際立たせることですが、一方では暖かいブラウンや下のつやのないグリーンに助けられ支えられてもいます。

このパレットの元になったのは、昔の中国や日本のさまざまな陶磁器です。柳模様の色が、コバルトの釉薬から作られたさまざまなブルーと一緒にここに（カラー11,12,13,14）集められました。もっともおもしろいグループはカラー3,4,5,6で、中国の酒壷に由来する色です。そこにはこれらの色がシンプルかつ抽象的、しかも現代的に配色されていたのです。

1 このパレットのキー・カラー。濃いブルーに対して際立ち、特にここにある薄いブルーやニュートラルな色に少量使うとおもしろみの出る色です。

2 コバルトの釉薬からできる、深いウルトラマリンブルーの一種。東洋の陶磁器の中核をなす色です。

3 力強いグリーン・ブルー・グレー。光の状態が変わると、特徴が変わるカスプ・カラーです。

4 カラー3や6と似た強さ（彩度）と色調の、ピンクっぽいブラウン。カスプ・カラーです。

5 非常に深い、パープルを帯びたブルー。まわりの3色に合わせて、ライン・カラーやアクセント・カラーとして使ってください。

6 左上のカラー3とよく合う色です。ほのかでグレーがかった、カスプ・カラーです。

このパレットは、白を背景にしてごらんください。

7 氷のような薄いブルー。右にあるカラー8の地色として使うことができます。

8 濃く鮮やかで、暖かみのあるブルー。ウルトラマリンの顔料に似ています。この色を落ち着かせるには、ニュートラルな色を使ってください。

9 少々黒ずんだ、深いマゼンタ。左のニュートラルな色や薄いブルーと合わせた色彩設計の中で、中心となる色として使うことができます。または、ディテール・カラーとして使って、深いブルーを固定させてください。

10 東洋の陶磁器の中でも濃い色のひとつで、下のブルーと合わせて、落ち着いたライン・カラーとして使うとよい色です。

11,12,13,14 最後の4色はみな、日本の陶器の一種に由来しています。これらの色はみな柔らかで、このページにある他のブルーを少々グレーがからせた色合い（元になる陶器に塗られたコバルトの釉薬の不純物や焼結温度による）なのでとても便利で、一緒に使うとよく合う色です。非常におもしろみのある優美なパレットにするには、ページの上半分を覆って、下半分の4色だけを見てください。

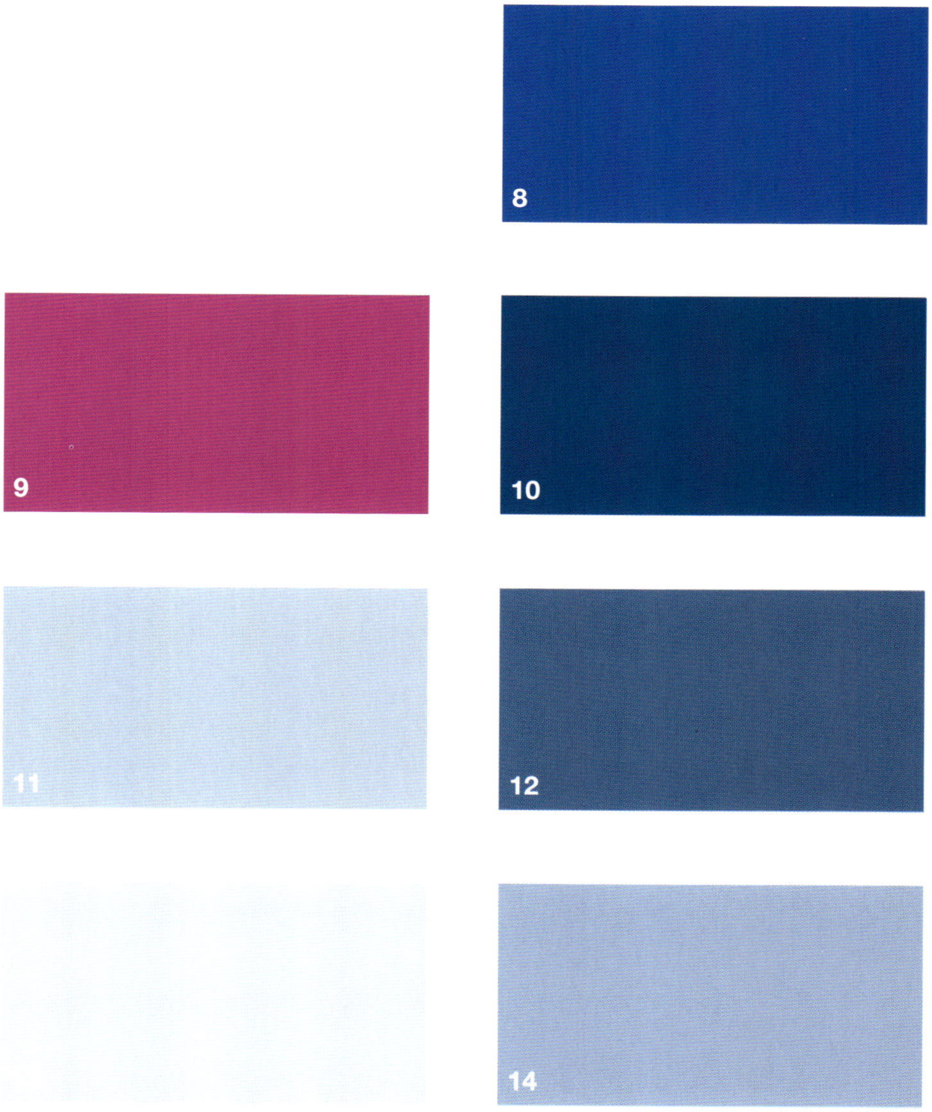

上：東洋の陶磁器のパレットで、スペクトルのパープル、ブルー、グリーンにあたる色ですが、このパープルとグリーンは、ブルーに変わろうとする色あいです。このウェールズ人の家も同じです。ピンクっぽいブラウンの塗料が、前ページのカラー4に似た働きをしています。

上：ブルーとブラウンと少量のピンクを混ぜて作った純度の高い例です（マゼンタの色をしたチューリップとソファー・マットレスのブロンズピンクに注目）。デザイナーのデービッド・コリンズの作品です。

vibrant palettes

61 一流の色を旅するアニリン

1 モーブ。私たちが今考えるようなあせた色ではなく、1856年に科学者ウィリアム・ヘンリー・パーキンスによって作られた最初の合成染料で、ここから有名なモーブの10年が一世を風靡しました。シルクやウールを染めると素晴らしい色みを出す、パープルとマゼンタを足して2で割ったような申し分のない色です。

2 アニリン染料の色フクシン、またはマゼンタ。“マゼンタの戦い”に由来する名前（1859年にイタリアの街マゼンタで、オーストリア人が、フランス人とサルディニア王国民とに敗れました）。素晴らしい光の特徴を持った、並外れてパワフルな色です。これは、現代の印刷用インクより19世紀の合成染料に近い色です。

3 美しいクリムゾン。その深さと特徴が少々赤に向かっているピンクです。1868年に初めて合成されたアリザリン・クリムソンに近い色です。カラー4とだけ合わせて見てください。

4 メチルバイオレット。これも初期の頃の染料で、飽きがこず、くすんだ感じのしないパープルです。積極的で活気に満ちて見えます。この染料は今でもときどき、変性アルコールの色づけに使われています。

これらの4色は、濃い、サイケデリックと言ってもよいくらいのパレットを作り出しています。一方では非常に典型的な染色のサリーのシルク、またもう一方では典型的な1970年代のグルーヴィーといった印象のパレットで、まるでデンマークのヴァーナー・パントンが使った色のようです。これらの色はみな、少々ブルーがかっており、それがこれらの色を結びつけているのです。

また、全色とも色相環の上でマゼンタが優勢なパープルと赤のあいだに位置する色です。マゼンタは光の2次色なので、目の中の色の受容体を原色よりも刺激するため、これらの色合いはみな胸が躍るような輝く特性を持っています。全色とも、一緒に使うことができます。

実際、ここにある色はみな、1850年代と60年代（近代的な色を生み出し始めた、色の歴史における革命の時代）の合成染料技術から引き出されたものです。そうでなければ、近代のインドのサリーとヴァーナー・パントンのインテリアは同じものにはならなかったでしょう。

左：モロッコのマラケシュにあるジャウアド・カディリの家に掛けられている、インド、グジャラート産の明るく強烈な色のシルク。この家は建築家ステュワート・チャーチによって建てられました。今日では世界中の織物が、色あせせず耐光性のある、今に伝わるパーキンスが作った最初の合成染料を使って染められています。

このパレットは白を背景にして見るか、黒のビューアーでごらんください。

62　今、光り輝くフルカラー

1 原色。イエロー。4色のモデル（9ページのカラーモデル2を参照）は、NCSの4原色のひとつである一番上のイエローから始まります。その下の色は、隣り合った2次色で、右側の縦列の色はみな、中間的な色つまり3次色を表しています。

2 3次色。イエロー・オレンジ。この縦列の色は、左側の色とのあいだの中間的な3次色を表しています。この縦列の補色は、1列おいた右側の縦列にあり、例えば、カラー2はカラー10の補色という具合になります。

3 2次色。オレンジ。NCSの2次色です。NCSの4原色モデルの欠点は、周辺にある色がブルーから半ばイエローの色合いに集中していることです。オレンジ色は、少し中間的な色合いです。

4 3次色。オレンジ・レッド。これは、NCSパレットのかなり凝縮された部分にあたり、ブラッド・オレンジとスカーレットが一緒になったような色合いです。

5 原色。赤。純粋な赤は主観的に識別するのが難しいものです。この色は、NCSの原色です。

6 3次色。赤からバイオレットにかけての色。マゼンタはパレットのこの範囲を占めている色です。イエローやターコイズと同じように、赤やグリーンやブルーの原色といった他の色より明るく鮮やかな色調に見える色です。

7 2次色。バイオレット。NCSの2次色。NCSでの、この色の補色はライムグリーンです。この色見本の2つ右隣にあります。

8 3次色。バイオレットからブルーにかけての色合い。これは、パープルとウルトラマリンブルーの親しみのある色の領域で、純粋なコバルトブルーの中でも暖かみのある色合いに属するエキゾチックな色です。

これは、技術的なパレットです。ここにあるすべての色は、1878年にヘリングによって初めて理論化され、今ではナチュラル・カラー・システム（NCS）のモデルのベースとなっている現代的な4原色の色相環の各色から取り出した主な色調を示したものです。NCSは、いくつかの国家規格から認可を受けたシステムで、特に色を扱う専門家や塗料メーカーなどが世界中でこれを使用しています（9ページのカラーモデル2参照）。

しかし、そのためにこのパレットがここにあるのではありません。このパレットは、大胆不敵な色だからここにあるのです。インクがこれ以上染みこめないほど紙に染みこんだ、鮮やかな輝きを持った16種類の色調なのです。ここには希薄さなど微塵もありません。曖昧さのない色なのです。そのため、どの色もみな同じようにうまく働き、同じように悪い影響も与えます。石版印刷の技術が発達して通常の印刷にこのような色が再現できるようになったのは、やっと最近になってからのことです。今ではあらゆる産業において現代の耐光性のある顔料からも、こうした色が出せるようになり、そのため私たちの生活はついに、つい50年間の祖先たちが夢に描くことしかできなかった濃い色に囲まれて暮らせるようになったのです。

NCSのシステムはこの5年間、特に4つの2次色と組み合わせた場合に繊維や製品や家具のデザインに対する根本的な影響力を持ってきました。ライム・グリーンやターコイズ、パープル、オレンジは近年、現代的な色の代表のようになってきました。

9 原色のブルー。言い換えるならコバルトブルーに近い色で、グリーンにも赤にも偏ろうとはしない、スペクトルのブルーのように限りなく純粋な色です。

10 3次色。ブルー・ターコイズ（シアンブルー）。プルシアン・ブルーやフタロシアニン・ブルーと同じ冷たいブルーです。

11 2次色。シアンブルー（ターコイズ・ブルー）。NCSモデル上のグリーンとブルーの中間の色で、重要な“新しい”2次色です。

12 3次色。シアングリーン。4色目の原色としてグリーンを採りいれたおかげで、ブルーからグリーンにかけて色合いが広がり、その結果できた“新しい”3次色。17世紀や18世紀の歴史的なグリーンの大多数は、ブルーがかっていたことに注目してください（パレット17を参照）。

13 原色のグリーン。ヘリングによって採りいれられた4つ目の原色。この色のエメラルドの色合いに注目。

14 3次色。イエローがかったグリーン。興味深いことに、多くの歴史的な（特に18世紀や19世紀の）色は、この色のような柔らかな3次色でした。このページのほとんどの3次色（例えば,カラー2,4,6,8,10,12,14,16）は、原色や2次色を濁らせた色合いや、くすんだ“年代ものの”色合いになっています。これは主に、昔の顔料は不完全だったために、原色や2次色から遠ざかってしまっているからです。

15 2次色。ライム・グリーンやライム、ターコイズ、オレンジ、パープルによって、NCSの2次色が作られています。これらの色は、ここ数年よく一緒に使われていて、独自のパレットを構成しています。

16 3次色。ライム・イエロー。この色を通るとイエローへと色相環を一巡します。

このパレットは、白を背景にしてごらんください。

左：ロンドンにある、ファッション・デザイナー、マシュー・ウィリアムソンの家。明らかに安ピカの装飾です。ベッドカバー（トリシア・ギルドによる）はマシューのために染め直されました。天井まで塗装されています。

右：リチャード・ロジャースがデザインしたイギリスの家。ミニマリストの箱の中の宝石のような、鮮やかな2次色と3次色が点在しています。

色をたたえ崇めるすべての文化をしても、おそらくアンデスの文化ほど洗練されたものは他にないでしょう。本書の中には、歴史的な織物をベースにしたパレットはほとんどありませんが、それはひとつには、自然の染料は束の間の命でしかないため、色についての社会的な見方を記録した歴史的な資料としては正確でない場合があるからです。しかし、アンディアン・アマルス・インディアンの織物は、昔ながらの伝統的な技法と何世紀も昔の色を使って染められてきましたが、これは、彼らが虹とその色には癒しと再生の力があると信じていたことが主な理由です（例えば、マゼンタとフクシアは勇気と刷新に結びつけられています）。そのため彼らの社会では、色を再現することによってその色自身を再生させているのです。

これらの色は、珍しい色合いの濃い色をどれほどうまく使いこなせるか、しかも洗練された組み合わせを作り出すことができるかを示すものです。

63 虹を織る

1,2 これは補色関係にあるパレットで、白を加えて濃さを薄めた色を何色か使い、中心となるコントロール・カラー（グリーンではありません）を1色加えて和らげられています。グリーンの補色は、あるシステム（加法原色）ではマゼンタで、別のシステム（光の原色や4色の原色）では赤です。そのどちらもがここにあり、それを組み合わせると、ピンクやオレンジ色などいくつかのバリエーションができます。これらのグリーンをより濃い補色やピンクと一緒に使ってみてください。

3,4,5,6 この赤とピンクのグループは、さまざまな量のブルーや赤や白を含むよく似た色を洗練された組み合わせにしたものです。色同士が主張しあい、際立って争い合っていますが、このグループをグリーンやブルーやオレンジを背景にして見ると、こうした内輪もめは取るに足りない口論にすぎません。このパレットが全体的にうまく仕上がるかどうかは、この重層構造の関係にかかっています。そのため、このパレットを最大限に生かすには、必ず全色使うようにしてください。

7,8 この2色の関係が際立ったものだとは言え、一方は暗く赤っぽく、もう一方は明るくイエローに傾いた色合いです。カラー4が赤やピンクに見えることがあるように、カラー7も赤やオレンジ色に見えることがあります。このように、たまに曖昧に見えることがあるのは、このパレットがうまく働くためには必要な要素です。これらの色をグリーンやピンクと合わせて使ってみてください。また、この上にある他の色を隠して、赤からオレンジにかけての色がブルー系統の色たちとかなりよく合う様子を見てください。

9,10 グリーンと同じように、濃いブルーは、ピンクにも、また特にオレンジにも、補色としての影響を与えます。こうした視覚的な影響によって、今にも爆発しそうな印象になります。しかし、柔らかなブルーがかったグレー・パープルは、このパレットの中ではもっとも控えめな色で、ここでは中枢となる要素です。多くのアンデスの織物の中にこのような色がありますが、それはより明るいを色合いを示す色とは対照的な、主色であり地色を形成する色です。少なくともこの色さえ含まれていれば、これらの色のうちどれと組み合わせてもうまくいきます。

左：このパレットの教えは単純で、本書で繰り返し述べられてもいます。つまり、色彩設計を落ち着かせるために、パープルはブラウンと同じように重要な色だということです。その重要性を決して過小評価しないようにしてください。

このパレットは、グレーのビューアーでごらんください。

64 海辺の強烈なまぶしさ

これらの色は海辺の色です。海辺の町にある、家や丸太小屋や海水浴の更衣小屋の壁に塗られたこれらの色は世界中で見かけるでしょう。イタリアのポルトフィノでも、イギリスの南海岸にあるリゾート地、例えばウェーマスやダートマスでも見かけます。海辺のリゾート地ならどこでも、しかも特に南海岸では光の照り返しを贅沢に甘受しており、そのため、あたり一面の光の水準が全体的に上がっています。そうした中で高水準のコントラストや色合いの多様性が受け入れられるのです。

しかし、このような鮮やかな色は、歴史的に見るとさらに重要なものです。これらは、イタリアのバリの近くにある海辺のリゾート地カノザの建造物ではなく、装飾用の小さな立像や胸像や器などローマの焼き物に塗られた色です。これらの色は、古典的な芸術家やペンキ塗装職人が使う顔料の輝きを表しており、強烈な色で彩られた古代の建造物や彫像がどんなものであったのか彷彿とさせます。

左：アグネス・エメリーは、ブリュッセルの顧客の家のためにリゾート地に合うこれらの色を選びました。これはとても厳しいパレットで、彼女の思惑どおりに仕上げるためには、あれこれと巧みな操作が非常に多く要求さます。

1,7 ちょうどブルーの真ん中の色合いをした、2色のきれいなブルー。そのため、グリーンにもパープルにもほとんど偏っておらず、つまりこの2色は他の色が混ざっていない正真正銘のブルーだということです。理想的な輝き、明るい環境、そして十分に異なる特徴—これらを併せ持つことがおもしろい組み合わせを作る秘訣です。カラー1や7をこのパレットの中のピンクとだけ、あるいは肌色の色合いとだけ合わせてみてください。

2.5.8 このパレットの中でもっとも濃いピンクはダークブルーにとてもよく合い、すべてのブルーを集めた色彩設計の中で、この色だけ別個にして使うこともできます。また、これらのピンク色は、3色で1つのグループにしてもうまくいきます。ブラウンは薄い色になるほど、ますます肌色の色見本がこのグループにおもしろみや安定を与えていきます。新鮮で害のない海辺の色の組み合わせにするには、2色の薄いピンクの色見本と淡いブルーの色見本だけを使ってください。

3,6,9 このブラウンの仲間は暖かみがあり、オレンジ色や赤に偏っています。赤みがかった濃いブラウンは、紛れもなく酸化鉄の顔料の色で、濃いオレンジ色は、美しいオレンジ色に偏った辰砂の顔料や鉛丹の顔料の色です。この3色の色見本は、それ自体がひとつのパレットで、その中でももっとも薄い色が他の色を際立たせています。

4 濃く、信じがたいほど鮮やかな古代のイエロー。地中海の太陽の下では濃く鮮やかな色ですが、曇り空の下ではけばけばしい色に変わります。

このパレットは、白を背景にしてごらんください。

パレットの説明

ここからは、本書に載せた多くの色の起源を一覧にして紹介します。記されている番号は、まずパレット番号、続いてパレットの中の各々の色の番号となっています。　歴史上に実在した壁のレファレンスはすべて、マット（艶消し）指定されているためコーティングを施していない紙に印刷されています。塗装された壁のレファレンスの多くは、博物館や本来あった場所で保存されている現存する実例です。何百年も前に芸術家が使った色を特定することが困難なのは確かですが、それは主に、顔料が老化したり壁や大気の中にある化学物質に反応して変色することに関係しています。塗装された壁の表面はみな時とともにくすんできますが、少しでも正確を期すために、色をマッチさせるレファレンスには以下のような安全条件を満たすようにしています。

1　老化の影響で変色した色を誤って表示することがないよう、古代社会の壁画や装飾の元となるレファレンスにはみな、フレスコ画法や乾式のフレスコ画法、臘画法などによって彩られた、今も失われずに残っている実例から選んでいます。これらに使われている顔料は比較的安定しており、アルカリや硫黄など大気中に生じた化学物質や紫外線放射などの影響を受けにくくなっています。ポンペイの壁画に使われたフレスコ画法にも、壁に顔料と混ぜて塗る媒材として石灰以外は使われていません。エジプトの壁画で使われた乾式のフレスコ画法では、変色がまったくないか最小限に抑えられるように、にかわ、カゼイン、石灰といった媒材が使われます。ローマやポンペイで使われた蝋画法では、混じりけのない蝋の媒材に顔料を混ぜて、経年による変色を最小限に抑えています。また、侵食や大気汚染から顔料を守ることにかけては、他のフレスコ法に比べてはるかに効果的な威力を持っています。

2　中世に彩色されたレファレンスは、できるだけ卵テンペラによって彩色された家具や板に由来するものにしています。卵テンペラとは、時が経っても卵の媒材のなかで顔料の鮮やかさが、ほとんど失われることがない画法です。

3　油溶性の媒材には、時が経つと暗くなり劣化するものがあり、古くなった油溶性の媒材に作用して色あせる顔料もあるため、油溶性染料で彩色された家具や物や壁は、ほとんど引用されていません。

17世紀以降の壁の色は、市販の歴史的な背景を持つ塗料にはマッチさせず、ヘキサクロームHexachrome®の色見本と直接照らし合わせ、間接的には分光測色計や、LabやRGBの色空間をヘキサクロームに転換したものに照らし合わせることによって、何名かの有名な建築塗装の歴史学者の研究によるレファレンスや見本にマッチさせています。

古代社会の壁画や中世のテンペラ板画や彩色された品々にマッチする歴史的な背景を持つ塗料は可能な限り、ヘキサクロームの色見本と実際に彩色されたものとを照らし合わせて管理しています。また、携帯用の分光測色計を使用することで、さらに進んだ等色（色のマッチング）が可能になってきています。

ほうろうや陶磁器や繊維の色は、ヘキサクロームの色見本と実物を照合してマッチングされています。これらの色は、元となる資料の反射力によってコーティングした紙に印刷するかコーティングしていない紙かを指定されていることもあります。

古代や中世で使われた顔料や色の多くを特定するにあたっては、プリニウスやウィトルウィウス、チェンニーニ、テオフラストスなどの記した文献や、考古学や文化財保護のための出版物などが活用されています。記述されている内容や製法については、その時代の塗装や装飾で今も残っている実例が相互参照されています。

また、歴史に残る塗料の色、特に壁やものに塗られた色は、できる限り顔料や媒材の見本にもマッチさせています。これらの見本は、そのパレットの元となるゴムやライムや卵テンペラといった歴史的なものに基づく適切な媒材を使い、歴史的に有名な文献を参照して作られており、まとめられたトーンの色見本として必要に応じて明色や淡い色合いに塗られたものです。使用された顔料は、ほとんどの場合その起源が同じか、起源となる壁や対象（その顔料が見つかった場所）を彩る顔料として同じプロセスをたどるものでした。2つの例によって、この信憑性の追求がなされています。まず、ウルトラマリンブルーの顔料は、アフガニスタンのオクサス川に隣接した採鉱所で採れる地中のラピスラズリに由来するもので、チェンニーニが記述したのと同じ方法で処理されています。また、精製業者が緑青を入手したのも、18世紀の手法（銀の精製の際に副産物としてできる）によるものでした。

本書の執筆に当たっては、画家で彩色工のオル・コーネリセンや、色の信憑性にかけてはとことん追求する彩色工キース・エドワーズに熱意あるご鞭撻を頂き感謝にたえません。

歴史に基づく顔料についてはできる限り、その顔料の産地として有名な地域に由来する鉱物のサンプルにマッチさせています。ここで取り上げる顔料は、そうした鉱物を挽いて作られてきたものです。例をあげれば、鉱や赤鉄鉱、クジャク石（マラカイト）、藍銅鉱（アジュライト）、黄石《せきおう》、辰砂（シナバー）などがあります。

パレット1～16

私は４原色に基づく色相環（パレット62を参照）を使ったNCSの色の展開には準じていないため、ターコイズ～グリーン、グリーン～ライムグリーン、ライムグリーン～イエローのパレットはこの中にはありません。スペクトルのこの部分にあたる色に対する私の好みや興味によるところもありますが、本書の印刷に使ったヘキサクローム方式の色のバランスを考えたのが一番の理由です。そのため、スペクトルのグリーン～イエローの部分にある暗色の重要なニュアンスが、この印刷紙面上では失われている可能性もあります。

むしろ、このセクションは、従来からの方式である減法混色の原色を示しており、赤、イエロー、ブルーに特化した3つのパレットと、2次色のオレンジ、パープル、グリーンの3つパレットがあります。さらに、イエロー～オレンジ色など3次色のパレットを6つ載せています。以上のような構成ですが、ひとつ違っているのは、グリーンとブルーのあいだに、3次色のパレットを2つ（ターコイズとシアン）入れたことです。これは、NCS方式の色相環がこの部分にあたるスペクトルの色を展開していることに対する配慮でもあり、また、6色方式のスペクトルのこの部分にあたる明色や暗色には、視覚で見分けることのできる違いがあるからです。

パレット１

解説なし。

パレット2

1 オーカーは、黄色い酸化鉄のアースカラーにあてられた言葉で、まさに砂に洗われたような色を表しています。

2 インディアンイエローは、マンゴーの葉で育った雌ウシの尿から抽出されていましたが、この餌は雌ウシにとってよいものではなく、幸い今ではこの色は作られていません。

3 カドミウムイエロー（1850年代以降のリッジウェイ“カドミウム・イエロー”）とサフラン（サフランの花の柱頭から作る：ブリティッシュ・カラー・カウンシルＢＣＣ“サフラン・イエロー”）の色。後者の方がずっとロマンチックな印象を与えます。

7 顔料のバリウムの色、イエロー。

パレット3

1 20世紀初期に人気の高かった色。

2 寒さの厳しい気候で使うとよいオレンジ色。輝度が高いので、ブラウンの色みが強すぎて見えることはありません。リッジウェイの“カドミウム・オレンジ”の明色と同じ色です。

3 ヘキサクロームのオレンジ色のインクを、他に何も加えず彩度100%で作りました。リッジウェイの“カドミウムオレンジ”、石黄《せきおう》のオレンジやリアルガー、自然の三硫化二ヒ素の色です。

4 BCCの“スペクトルオレンジ”。

12 いかにも1920年代や1970年代といった感のある色。組織のイメージカラーとして人気の高い色です。

パレット4

3 硫化第二水銀からできる朱色。オランダで完成された方法で作られるため“オランダの朱色”とも、また14世紀以降は“ファイアーレッド”とも呼ばれています。塗料業界では“ポピーレッド”とも呼ばれ、”スカーレット”（リッジウェイ）や“近衛歩兵の赤”（レパートリー社）という名前が割り振られてもいます。

パレット5

1 英国王立園芸協会（RHS）のカラーチャート1939年版と1941年版にある“バーミリオン”という名のカラーカードにほぼマッチする色です。

2 アカネの根で純粋な赤に染められた毛織物の色。19世紀には“ターキーレッド”や“アドリアノープルレッド”と呼ばれ、RHSでは“オリエント・レッド”と名づけています。バーミリオンの色のひとつで、英国の郵便局の赤でもあります。

3 東洋の漆器はバーミリオン（朱色）で塗られています。

7 OMAの建築家ニコレット・ポットが選んだ色に似ています。彼女はの色を“NAP”と呼んでいます。

9 1750年代後半にフランスでポンパドール夫人によって普及されたファミール・ローズの磁器（ピンクが主色）の中でももっとも薄い色です。

11 カラー9と同様、17世紀に初めて東洋の磁器を模倣して、後にフランス初代皇帝と第2代皇帝の時代に装飾カラーとして普及された色です。

12 ファミール・ローズ磁器の色。ポンパドール夫人が普及させた“ローズ・ポンパドール”を想定した明色です。

パレット6

1 “カーマイン”は、昆虫の名を意味するギリシャ語を語源としています。この昆虫からは赤色染料が採れます。

2 “ティリアン・パープル”は、1600年代に遡る染料の名前です。

3 この色は容赦のない断固とした色です。なぜなら、他の光の2次色、イエローやターコイズと同様、網膜の中の錐状体細胞のうち2組の受容体（この場合、赤と青の受容体）を刺激するため、１組だけが刺激されたときに作られる色に比べて文字通り2倍の色を脳に伝えるからです。

パレット7

1 この色は、“インペリアル・パープル（皇帝の紫）”やアメシストとしても知られています。

パレット8

1 最初のアニリン染料の明色のひとつ。メチルバイオレット。

2 歴史的な余韻が満ちあふれた色。ウルトラマリンブルー染料の色で、現代の合成色のものと、ラピスラズリから作った貴重な中世のものとがあります。コバルトの釉薬をかけた、典型的なムーア様式の磁器の色でもあります。

5 これらの特徴は、単純な色の連想（私たちは空というと青を思い浮かべます）によるものと、青（特に薄く明るい青）が薄れていく（実は赤が前面に出てくる）印象を与える視覚現象によるものとがあります。

9 趣のある色の明色から同じように使い勝手のある装飾カラーが自然に作られることがいかにないかということを示しています。

パレット9

1 ノーマン・フォスターが、ボルドーのフランス国有電力公社EDFの本部に選んだ色。

2 リッジウェイの“スペクトルブルー”や、現代のガラスフリット、ゴムで固められたエジプシャンブルー染料と一致する色です。

3 19世紀後期／20世紀初期の雰囲気（右側のカラー4と合わせた場合）。

5 芸術家イヴ・クラインによって発見された青の合成染料ウルトラマリンに似た特徴を持っています。

7 ペルシャ陶器の、明るいブルーの釉薬の色。

11 この色と上のカラー6は、スカンジナビアの建築家の名祖が非常に好み、彼の建物の外壁に使った“コースモ・ブルー”のひとつです。また、1859年に発見された顔料、セルレインブルーの明色でもあります。

14 この色は、建築家アレッサンドロ・メンティーニの好みの色、“忘れな草ブルー”です。

パレット10

1 このページのパレットは、一連のパレットの順番から少しはずれています。ブルーとグリーンのあいだに、ひとつではなく2つのパレット（このページのシアンと、さらにターコイズのページ）があるからです。

14 この色は、従来から飛行機の下側面によく使われた色で、ブリティッシュ・カラー・カウンシル（BCC）のスカイグレー（1934年）に近い色です。

パレット11

1 中東や極東の陶磁器に見られるブルーの一種。光の2次色なので、目にも鮮やかです。

2 これも陶磁器の色ですが、海の色という印象の強い色です。

3 濃いビリジアン染料の色であり、現代的なフタロシアニン顔料のグリーンの明色です。

5 1890年にベンダーによって作られたコールタール染料の“カプリブルー”に近い色です。

7 濃いジョージ王朝色。1920年代のジョージ王朝復興の色調。珪孔雀石の顔料（古代人が使っていた、自然にできた銅の化合物）の明色。

パレット12

1 ニッケルのヒ酸塩鉱物、カブレラ石の色で、ニッケルグリーンとして知られています。

4 室外のウッドワークや現代的なパリの門によく使われる色です。

5 古代の顔料マラカイトの色で、“マウンテングリーン”の比較的濃い明色です。

10 18世紀に使われた“ミネラルグリーン”と呼ばれる色です。（18世紀の一般的な色について詳しくはパレット17を参照）

13 マラカイトの明色。

16 宋のグリーン。中国の宋王朝時代の磁器の色です。

パレット13

7 この色もウラン塩の色のひとつで、“ウラニウムグリーン”と呼ばれています。

9 このグリーンの標準的な染色方法は、19世紀後半まで行われてきました。

14 画家のベロネーゼがよく使ったグリーンの明色。

16 グレーは、黒によって硬質な青みがかった明色になっているので、きちんと見極めるのが難しい色です。赤褐色のグレーには柔軟性があり、グリーンがかったグレーにはみずみずしさがあります。

パレット14

解説なし。

パレット15

1 レザーや陶磁器の調理器具によい色で、1970年代の車のインテリアにも使われました。寝室の天井の塗装には向かない色です。

2 歴史的に、室内や屋外（例えばローマの壁の塗装など）によく使われた色です。古典的なリバイバルカラーと言えます。

3 透明度が高いので、昔からオイルを塗ったり木目調に塗ったりといった、つや出しに便利な顔料でした。

6 ブラウンの靴磨きクリームのような、酸化鉄の中間色。歴史的によく使われてきた色のひとつです。

8 少々グリーンがかっているためベージュまたはマニラに近く、ローアンバーの明色に似た色です。

9 ニスを塗った松を思わせる色。あの色がまた見たいと思ったら使ってみてください。

10 歴史上もっとも貴重なブラウンの顔料は、澄んだオレンジ色に傾いたブラウンです。この色は、その中でも最高の色であるイタリアのポッツオーリの土に似た色です。

パレット16

解説なし。

パレット17

このパレットは、パトリック・ベイティが歴史上の色について研究を行ったものをそのまま引用しています。パレットの全64色が公開されており、手描きの色見本カードやこれらの色の中のさまざまな媒材による塗料は、ペーパー・アンド・ペイント社（www.paper-paints.co.uk.）で入手することができます。色によっては（特に、“鉛の色”や“ダークストーン”や“クリーム色”といった有名な、よく普及している色のいくつかについては）、本書における印刷の技術的な限界のため、再現されていません。特に、暗い青みがかったグリーン・グレーはうまく再現されません。

パトリック・ベイティが公開した色の分布は、以下の3つを起源にして選ばれたものです。ひとつは古代の塗料製法にマッチする色、もうひとつは、歴史的建造物に使われた塗料の色に関する彼自身の研究や分析、およびイアン・ブリストウ博士の研究に関わる色。3つ目が、1807年以降の画家のカードにマッチする色です。その色の分布は、現代版のテキストにも載っている、当時人気の高かった色の中から選ばれたものです。

また、当時利用された顔料の見本に組み合わせた色（特にアースカラーやグリーンや、ブルーの緑青絵の具）もこれに加えられています。これらは、彩色師キース・エドワーズが歴史的な製法に基づいて作った顔料と、色合いが一致します。

さらに、アメリカの建造物に見られる、類似色のレファレンスもこのテキストに取りあげられています。これらのレファレンスは1994年版の“アメリカの顔料”で公表されたものであり、アメリカの歴史的な色に関して想像の域を出なかった理解の払拭におおいに貢献したカラーアナリスト、フランク・S・ウェルシュの研究を体現するものです。ウェルシュは、アメリカ各地の重要な名所旧跡から得た35色のリストを公開していますが、それらの色は、このパレットの中の多くの色と目を見張るほどよく似ています。公開された彼のリストには、スペクトル計（光源C、角度2度に設定）で自分のレファレンスとベイティの塗料とを互いにマッチさせたものを示す、各色の実験測定結果が収められています。ウェルシュの色の中でも、ベイティの色に非常に近い色だけが参照されているのです。アメリカン・カラーの全色見本は、フランク・S・ウェルシュ（at POBox 767, Bryn Mawr, PA 19010, USA）から入手することができます。

パレット18

BESA（英国工業規格協会）発行の1931年版カラーカードから選んだ、“成分調整塗料の英国標準色”のNo.381C。このレファレンスは今もイギリスの色分布、特に技術的な用途の塗料に適用され、元来からの色のほとんど（バトルシップ・グレーを除く）が、今もこれに含まれています。また、“BESA指定の標準的な色見本”や、1926年に発行されたA.シーモア・ジェニングスの“塗料と色の混合”1926年発行第7刷に掲載の図XVからも選ばれています。

BESAの色は今世紀の初めに試みられていた色ですが1925～26年にBESAによって設置された大規模な関係委員会によって色だけでなくコーティング材や原材料としても取り扱うことを目的とし規格化されただけに終わっていました。そこで、あるサブ委員会が、入手できるすべての製造業者の色見本を集め、まだ正式に認められていない一般的な（“ブルー・スカイ”など市場で入手できた広範囲にわたる色の）用語を見いだして塗料の色に名前を割り当てるよう任命されました。サブ委員会は381Cの分布を使って名前の改定を行いましたが、このパレットの中で与えられている標準的な名前も、この委員会によって選ばれたものです。

その他の国家規格は20世紀の最初の20年間に導入されましたが、塗料の販売については手つかずのままでした。アメリカのワシントンに住む鳥の学芸員ロバート・リッジウェイによる“色の規格と色の用語”が発行されていますが、これは色相環に基づいた色見本からつくった53種のパレットのレファレンス・システムで、自然の中の年代色を識別しようとするものでした。また、アメリカでも米国テキスタイル・カラー・カード協会が、染料の色を識別するために106色のシルクのリボンで作った色見本カード“米国標準規格のカラー・カード”を発行しています。フランスではM.H.ドースネーが、果物や花や葉の色を識別するために明色と暗色2冊の画帳に365色のプレートを集めました。以上のどれもが、色を理解し体系化するために貢献し、本来の専門の領域を超えた研究分野で使われてきました。そして、どれもが色に名前をつけることの難しさを認めています。

パレット19

1-12 アラバスティーン社（英国）のインテリア用水性壁塗料“アラバスティーン”の色分布より。A.シーモア・ジェニングスの“染料と色の混合”1926年発行第7版に掲載のフルカラー・カードより。

13-22 ネーラー・ブラザース社（ロンドン）のインテリア用水性壁塗料“ネーロデック”の色分布より。ジェニングスの著書より。

パレット20

1-6 ダイニングルーム用に考えられた色彩設計より。このプランの主色はグレー・ブラウンで、第2の色がライム・グリーンです。

7-10 図書館用に考えられた色彩設計より。このプランの主色はバイオレット・グレーで、第2の色が暗いバトルシップ・グレーです。この原案にあった脇役の2色、深いエンパイアグリーンとブルー・グレーは本書では割愛しました。全色とも、1947年にニューヨークで刊行されたエリザベス・バリス・マイヤーの“コンテンポラリー・カラー・ガイド”から引用されています。

パレット21

1-5 1950年代半ばに、レーモンド・ラストがリビングルーム用に考えたデザインより。ロンドン、V&A博物館（ビクトリア・アルバート博物館）蔵。

パレット22

1-4 ルシエンヌ・デイがデザインした壁紙より。1951年にジョン・ライン・アンド・サンズ社によって製造された“1951年限定版”シリーズ（ロンドン、V&A博物館蔵）。

5-8 ルシアンヌ・デイのデザインによる“3幅対の”室内装飾用ファブリックより。1955年、ヒールズ・ホールセール・アンド・エクスポート社製造のスクリーン印刷によるレーヨンのサテン。

パレット23

1-5 エディ・スクワイアーデザインによる織物より。

パレット24

1-5 エディ・スクワイアーがデザインした壁紙“カラートロン”より。1967年、ワーナー・アンド・サンズ社。ロンドン、V&A博物館蔵。

パレット25

1 川上元美デザイン、アルベルト・バッツアーニ製作によるフィオレンツァの椅子から。ABS樹脂のプラスチック製。ロンドン、V&A博物館蔵。

2 1968年、グラスファイバー・ポリエステル樹脂製、エーロ・アアルニオデザインによるパスティルチェアから。フィンランドのラハティ、アスコ社。

3 1963年、ポリエステルのワニスを塗ったベニア合板製、ジョー・コロンボデザインによる椅子から。イタリアのミラノ、カルテル社。

4 ヴァーナー・パントンがデザインした、積み重ねられるスタッキングチェアから。1960年、グラスファイバーとポリエステル樹脂製。アメリカのミシガン州、ハーマン・ミラー・ファニチャー社。

5 アーネスト・レースデザインによるアーム・チェアから。1946年、イギリスのロンドン、アーネスト・レース社。

6 セルジオ・マッツアデザインによるスタッキング・チェア、トガから。1968年、加熱プレス成型のグラスファイバー製。イタリア、アルテミデ社。

7 1996年、ピエール・ポーリンデザインの椅子から。オランダ、アルティフォルト社。

8 1964年、H.W. ウッド MBEデザインによるガーデン・チェア、オベロンから。ルーラシェル社。

パレット26

1-4 トーマス・パーソンズ・アンド・サンズ社発行の“歴史的な色の書 The Book of Historical Colours”（1937年再版）

パレット27

1 内装用の壁の色から。スウェーデン、リディングスバーグ社。

4,7 スウェーデンの邸宅、オリーブハルトの内装（木製部や壁）から。

5-8 デンマークスカーネの昔ながらの農園内の塗装された台胴や木製部、家具から。

パレット28

パレット28と29の色見本はみな、さまざまな空軍や海軍の迷彩の色彩設計にマッチしています。しかし、本書の他のパレットと同様、そのままの色を完全に再現できているという保証はできず、このパレットも決して大局的なものとは言い切れません。“ ”内は、ハンブロール社の塗料の色名です。

1,4,7,10 ロシアの空軍。

2 “ダック・エッグ・ブルー”。イギリス空軍、ヨーロッパ。

3 “ブルーFS35414”番。アメリカ空軍、海軍、海兵隊、現代。

5 “ガールズ・ブルー.・クレール”（明るいブルー・グレー）。フランス空軍。

6 “ヘルブラウ”（ライト・ブルー）。ルフトバーフェ（第二次世界大戦下のドイツ空軍）。

8 ライト・グレー。海軍艦艇は、総じてこの色。

9 “ハイメイブラウ”（スカイ・ブルー）。ルフトバーフェ、第二次世界大戦。

11 “PRUブルー”。英国空軍、戦後。

12 “アズール・ブルー” 英国空軍、海外。

パレット29

1-4 全色ともにアメリカ空軍、ベトナム。

1 “アッパー・サーフェイス・グリーン・オリーブ・ドラブ”。

2 “アッパー・サーフェイス・ダーク・グリーン”。ベース・カラーでもあり、迷彩模様でもあります。イギリス空軍、1942年、ビルマ。

3 “アンダー・サーフェイス・グレー”。

4 “アンダー・サーフェイス・タン”。

5 “マット・ペール・ストーン”。ベース・カラー、イギリス陸軍の2色の迷彩模様。北アフリカ、1937年、1939年、1940年、1942年。シリア、ペルシア、イラク、1943年。

6 “ジャーマン・オーバーオール・サンド”。ドイツ軍の戦車、第二次世界大戦。

7 “アフリカ・コープス・デザート・イエロー”。北アフリカ軍の車、第二次世界大戦。

8 “8thアーミー・デザート・イエロー”。

9 “ピンク・パンサー”ピンク。1991年湾岸戦争で、SASコマンド部隊が使う軽量ランドローバー用に和うげて作られた色。現在ではイギリスのブランドフォード・フォーラムで車の色にマッチする色です。

10 英国陸軍の2色の迷彩柄。北アフリカ、1939年、1942年。シリア、ペルシア、イラク、1943年。

11 ベース・カラー。英国陸軍の3色の迷彩柄。ヨーロッパ、1939年と北アフリカ、1943年。

12 日本空軍、モーブ。

パレット30

1-7 工事現場。

8 第4の鉄道橋を塗装するために作られた“ベンガラの鉄塗料”（アマニ油と混じりけのない酸化鉄の顔料とでできています）。エディンバラの塗料メーカー、クレーグ・アンド・ローズ社のご厚意に感謝致します。

パレット31

1 この色はふつうは、酸化鉄を含んだもので彩色された、桂土を含む粘土の精製物ですが、オーカーの砂や粘土の沈殿物や針鉄鉱（褐鉄鉱の一種$FeO(OH).nH_2O$）から抽出することもできます。

2 オーカーと白でできたイエローやクリーム色は、複雑でくすんだ色合いのため、雲がかかった空や北の空からの自然光の下でグリーンがかったりはしません。そのため、オーカーは装飾には貴重な色で、現在では塗料を大量生産するために化学的に合成されています。

3 自然の産物である鉱物の顔料は、その純度によって世界中で色や彩度がさまざまに異なります。水酸化第1鉄を多量に含むオーカーは、より強い色合いに見えます。

5 針鉄鉱やイエローオーカーが熱せられると、水の分子を手放し赤へと不可逆に変化します（無水酸化鉄に変わるのです）。イエローオーカーの顔料とガスこんろがあれば、あなたもこれを試してみることができます。同じく自然発生する赤い鉱物には赤鉄鉱（Fe_2O_3）があり、さまざまな色が発見されています。もっともよくあるのは、少々パープルがかった冷たい色合いです。スパニッシュレッドは混色の顔料の名前で、インディアンレッドはそれよりも純度が高く濃い色です。

6 濃いパープルを帯びた赤鉄鉱の赤が、多くの場合強く断固としすぎていて使いにくいなら、白を混ぜた明色にすると使いやすい色合いになり、美しく便利です。

9 もっとも濃い赤鉄鉱は、顔料の中に酸化マンガンが含まれているため、ブラウンの陰影があります。この色は暖かなレッドオーカーによく似ていますが、それほど濃くはありません。実際、もっとも美しい暗色はアースカラーの中でもっとも濃い色ですが、これはローシェンナの顔料を焼成（焙焼）して水の分子をはずことによって作られるもので、色が薄められると見えてくる濃く強烈な下地の色と合わさって濃く赤い顔料を生じます。

10 この顔料も、酸化鉄やマンガンで彩色された粘土で、海緑石という鉱物として採掘されます。

13 天然土性顔料はイエローと赤に区分され、場合によってはその分類にマゼンタも加えられることがあります。実際には6つの基本的な組み合わせがあり、イエローオーカーとレッドオーカーの組み合わせがもっとも鮮やかで、ローシェンナとバーントシェンナの組み合わせは少しくすんでいます。また、この色の名前は、かつて最高品質のシェンナを産出していたイタリアの街シエナに由来するものです。

15 この色は赤鉄鉱の粒子のサイズによって特徴が変わり（粉砕される前は黒）、0.5ミクロンではバイオレット・レッド、0.1ミクロンでは赤になります。

17 天然土性顔料の中にマンガンが多く含まれるほど、黒みがかってきます。

19 粒子をさらに細かくなるまで（0.05ミクロンまで）挽けば、赤鉄鉱からオレンジ色の顔料もできます。

21 ローアンバーの中のマンガンは、イエローオーカーの中にある酸化鉄の輝きを深いグリーンがかったブラウンに変えます。

22 黒と白を混ぜるとグレーになり、ほとんどの場合ブルーを帯びた少々不自然なイエローの色合いになります。

23 ローアンバーが焼成されると、イエローを帯びたグリーンが消え、アースカラーの中でもっとも深いブラウンになります。また、透明度も増します。

パレット32

1-8 さまざまな場所から集めた色あせたヴァージャー・タペストリーの色より。これの替わりに当時のタペストリーを推測してつくった色は、1937年にロンドンで発行されたトーマス・パーソンズ・アンド・サンズ社の“歴史的な色”を参照（それ以前の版についても参照）してください。

パレット33

さまざまな塗料メーカーの色見本から。

1 シェーカー社の塗装家具の多く、特に椅子や台によくある色。

4 イギリスのバスにあるアメリカン博物館に所蔵されている、初期のペンシルヴァニアン・ダッチ（ペンシルヴァニア州へ移民したドイツ人）の工芸品何点かにマッチさせた色。

5 ニューヨークのオールド・チャタムにあるシェーカー博物館の、ダークブルーに塗装されたカウンターの色から。1815年。

7 マサチューセッツ州ピッツフィールドにあるハンコック・シェーカー・ビレッジのZ. ウィンチェスターによってブルー・グリーンに塗装されたチェストから。1821年。

パレット34

1-6 すべて陶器から。アテネやロードスのアンフォーラ（2つの把手を持つ容器）や茶碗や壷など。紀元前600～400年、ロンドン、大英博物館。

パレット35

1-6 トルコのタイルやモスクのランプから。イスタンブールのピヤーレ・パシャ・モクスやイズニックのイェニ・ヴァリデ・ジャミィという名のモスクに由来する色もいくつかあります。1550～70年。

7 ダマスカスにあるシリアのパネル画から。おそらくシナニエ・モスクのもの。V&A博物館蔵。全色とも、サマルカンドの多数の建造物に用いられたタイルの設計、特にビビ・カノムのモスクや、ガーエ・アミル（墓のモニュメント）の丸天井（1398年）やシール・ドーのマドラサ（イスラム神学校、1619年）に見ることができます。

パレット36

1-8 すべて、テッセラ・モザイクのローマ石から。トルコのハリカルナッソスやエフェソス、チュニジアのカルタゴやウティカから。ロンドン、大英博物館蔵。

パレット37

1-12 すべて、テッセラ・モザイクのローマ石から。トルコのハリカルナッソスやエフェソス、チュニジアのカルタゴやウティカから。ロンドン、大英博物館蔵。

パレット38

1 単色の鉢の色から。宋王朝、960～1279年、ロンドン、V&A博物館蔵。

2 17世紀以降、さまざまな陶磁器の品から引き出された色。

3 単色の鉢の色から。宋王朝、960～1279年、ロンドン、V&A博物館蔵。

4 単色の急須の色から。徳化窯、明清王朝、1620～1700年。ロンドン、V&A博物館蔵。

5 単色の鉢の色から。宋王朝、960～1279年。ロンドン、V&A博物館蔵。

6 単色の壷の色から。元王朝、1350～1400年。ロンドン、V&A博物館蔵。

パレット39

1-4 日弃貞夫の“日本の色”に掲載の色（福田邦夫による伝統的な用語を解説した紹介文を参照）。マイヤー社（1981年）が、日本の顔料をリストアップしましたが、その中でもっとも主要な色はバーミリオン（シナバー・レッド）、アジュライト（ブルー）、マラカイト（グリーンがかったブルー）、そして貝がらや雲母、石英、方解石を挽いてできた、さまざまな特徴を持って仕上がる多様な白です。

1 ユエンシャンチアンの中国辰砂（硫化第二水銀）のサンプルにマッチ。ロンドン、自然史博物館蔵。日本の文化の中に広く浸透した、もっとも古い顔料のひとつとされています。

4 ドイツ、チューリンゲンのアジュライト顔料の見本にマッチ。ロンドン、自然史博物館蔵。日本は今もアジュライトをアメリカ（マイヤー社、1981年）から輸入し、アリゾナのモレンチやカッパー・クイーン鉱山（ロンドン、自然史博物館が運営）のサンプルは、濃い顔料を作り出すことのできる深いブルーを表しています。起源となるものの中には、光と闇、くっきりとぼんやりを表す4つの色彩語の原義を、すべての色（主に赤とグリーン）が闇と光に関連を持つとするアリストテレスの色彩基準に似た複合概念とみなすものもあります。アリストテレスのモデルは西洋文化の中に永く残りルネッサンスの時代まで続き、示唆された日本語の意味をも併せ持つようになりました。

パレット40

1 赤いシルクの帽子から。清王朝、19世紀。ロンドン、V&A博物館蔵。

2 樹脂でできたさまざまなものから。17世紀から20世紀。辰砂ではなく、現代的な原料から作られた中国のバーミリオンにマッチ。

3 磁器の花瓶から。清王朝の康熙帝時代、1662～1722年、中国。ロンドン、V&A博物館蔵。

4 18世紀の中国の法衣から。また、レパートリー社の“イエロー・インディアン”27/2や王立園芸協会の“チャイニーズ・イエロー”60/6。

パレット41

1-3 すべて、鉛の（クリーム色の）釉薬をかけた陶器に水彩画で描かれたデザインから。イングリッシュ・アーカイヴ所蔵。またサーリズ・マンドラシャの柱に施された陶磁器でできたモザイクのタイルゼリジ”から。モロッコのフェズ、1321～26年。

パレット42

印刷の中にあるパーセンテージの数字は、各色のドット密度を示しており、これによって各色の量がどのくらい使われているかが分かります。しかし、仕上がった色の一部として、各インクの量が何パーセントあるかを示すものではありません。したがって、例えばダークブラウンに100パーセントのマゼンタと100パーセントのイエローと40パーセントの黒が含まれていることもありえます。

1-3 『ヴォーグ』、『ハウス＆ガーデン』、『コネッサンス』など、著者が所蔵する1960年代と1970年代の雑誌から。また、現物の写真やイメージ写真、絵などを使って多くの時代のものやインテリアを載せた、レズリー・ジャクソンの“コンテンポラリー”の、特に106,109,118,119,132ページを参照ください。

また、これらの色は中エジプトの壁画にも見られます。ギュスターヴ・ジェクイエの“デコレーション・エジフ・シェンヌ”（1911年、パリ）の図表XXVIとXXVIIIを参照ください：エジプト、テーベにあるヘフ・セネブの墓（紀元前1495-97年）やアメンヘブとネバモンの墓（紀元前1400年代）の天井に施された塗装。

パレット43

1-2 イギリスのビューリ国立自動車博物館やヘインズ・コレクションにある、さまざまな車にマッチしています。

3 この色は、イギリスの国立自動車博物館にある1903年型ゴードン・ベネット・ネーピアの色にマッチしています。これはイギリスのスタンダード・カラー（BS 381C）で、ベントレーが1920年代にル・マンのレースに出場したときの色、“ディープ・ブラウンシュワイク・グリーン”です。この色は、20世紀のあいだイギリスMGスポーツ・カーの他の色より4倍の売れ行きを示しました。

この色の起源には信憑性がありませんが、さまざまな国のレーシング・チームに最初に色を割り当てたのは、1899年にジェームズ・ゴードン・ベネットが設立した世界初の国際的なカー・レースでのことでした。このルールはオートモービルクラブ・ド・フランスによって決められ、赤はアメリカ・チームに、ブルーはフランスに、イエローはベルギーに、白はドイツに割り当てられました。実際には、最初の数年はこれを守るチームはほとんどなく、イギリスにグリーンが割り当てられたのは偶然のことでした。1901年にイギリスのドライバー、チャールズ・ジャロットはその年のパリ～ベルリンのレースに備えて彼の40馬力のパナールを整備しているフランスの整備所を訪れました。整備所のオーナーは、その車を豊かで美しく濃いグリーンに塗るよう発注していました。そのレース出場ナンバーには13が割り当てられておりフランスではラッキー・カラーとされるグリーンが13という数字がもたらす不運から守ってくれると考えたのです。その1年後、イギリスがS.F.エッジの運転でゴードン・ベネットのレースで優勝を果たしました。つまり、1903年にはイギリスがこのレースを開催しなければならないということですが、ロード・レースに関わる国の条例のためにそれは不可能でした。そのため窮余の策としアイルランドを開催地とし、イギリスはなんとか開催国としての体裁を整えたのです。そのときイギリス・チームの車は、全車ともアイルランドのナショナル・カラーであるグリーンに塗装されていました。

1905年には、レースで国別に色を割り当てる制度が再び導入され、黒がイタリアに割り当てられました。これに対してイタリアは即座に異議を唱え、イタリアの3色旗のうちの1色であるグリーンを強く希望しました。これ以来アメリカはヨーロッパでのレースに興味をなくしたため、翌年からは妥協策をとって、イタリアのスポーツカーは昔のアメリカの色、赤（これも、イタリアの国旗の中の1色）に塗られるようになりました。多くの国々がレースに参加し反論が高じるにつれてますます多くのチームがこのルールを公然と無視するようになり、それが第一次世界大戦まで続きましたが、ついに各国のチームは、整備の競争ではなくドライビングの競争に取り組むようになったのです。最終的に、赤がイタリア、ブルーはフランス、白（後にシルバー）はドイツ、グリーンはイギリスと落ち着きましたが、国ごとの先入観は今も存在します。フェラーリは今も依然として赤であり、ポルシェやアウディやメルセデス・ベンツは今もシルバーで、イギリス車においても、時折グリーンの塗料が使われています。

国立自動車博物館の保存資料から抽出。特に英国のモーターショー、コイズ・インターナショナル・ヒストリック・フェスティバルの広告や、英国レーシング・ドライバーズ・クラブBRDCの記録、“ブリティッシュ・レーシング・グリーン”の1990年春号掲載のビル・ボディの記事など。

パレット44

1-6 18世紀にバーハンパーで作られた綿の端布。マーガルの敷物や綿やシルク。インドのグジャラート、17世紀終わりか18世紀初期。マーガルのゆったりとしたテントの掛け布、17世紀終わり。ロンドン、V&A博物館蔵。これらの色は、この時代のカナートのパネル画にも見られます。

パレット45

1-3 葉の緑色を使って塗装されたフォルツィエーレ（婚礼用の椅子）から。トスカナ様式、1350年。ロンドン、V&A博物館蔵。

3-4 葉の緑色を使って塗装された椅子から。ルーマニア、19世紀。著者のコレクション。

4 フランチェスコ・ディ・ジョルジョによる“スザンナと長老たち”が描かれたカッソーネ（収納大箱）。シエナ、国立絵画館蔵。

5-6 カッソーネのパネル画から。シエナ派、1475年。ロンドン、V&A博物館蔵。

パレット46

1 清王朝、康熙帝の時代（1662-1722年）の磁器のワインカップより。ロンドン、大英博物館蔵。

2 清王朝、雍正帝の時代（1723-1735年）の磁器のワインカップより。ロンドン、大英博物館蔵。

3-4 セーブル焼きのティーポットから。バーナード・カッスル、ボーズ博物館蔵。これととてもよく似たピンク色が、清王朝の磁器のティーポット（1740-80年）を飾る色にも見られます。ロンドン、V&A博物館蔵。

5 21/1RHSカラー・チャートから。パーソンの“歴史的な色”

6 パトリック・ベイティ氏のご厚意によりパーソンの“歴史的な色”から。

パレット47

1-4　“リダラテピッド”（騎士のマント）、17世紀。アイスランドのレイキャビク。エイト・ポイント・スター模様のクッション、17世紀、ストックホルム、ノルディスカ（北方民族）博物館蔵。

パレット48

1-5　壁に描いたパネル画から。クレタ島、クノッソスの宮殿。ロンドン、大英博物館蔵。色使いは主に赤とブルーとイエロー。線画は黒に近い色。この赤は明らかに赤鉄鉱の色です。上釉で重ね塗りされていたかもしれませんが（石黄を思わせる色で、自然にできる三塩化ヒ素）、この時代のイエローはオーカーでした。ブルーはおそらくエジプシャン・ブルーで、ミノアンズとして知られる銅化合物で彩色された、細かな粉状のガラス・フリットです。アジュライトのシンプルな色合いとも言えます（この色は、キース・エドワーズのコレクション“ブルー・バイス”と呼ばれる石灰質のモロッコ産アジュライトの現代的な見本の色合いにマッチしています）。ブルー・ブラックは、モロッコで顔料として使っている粉状のスレートにマッチしさらにグリーンなど他の色も、顔料を混ぜ合わせることによって作ることができるようになりました（マイヤー、1981年）。

このパレットは、以下の場所でも見られます。クノッソス宮殿の王への貢ぎ物の行列を描いた壁画に由来する織物の模様、BC1550～1400年。アヤ・トリアダの壁画に由来する織物の模様、BC約1700～1600年。クノッソスの円柱を示すフレスコの破片。BC約1700～1550年。クノッソスのフレスコ画による装飾品、BC約1550年。またギリシャでも、ティリンスの遺跡で、このパレットによる床の装飾が見られます。BC約1400～1200年（H.ボッサートの“色彩装飾辞典”ワスマス刊、1928年。同氏の“アルトクレタ”第2版1923年）。また、イタリア、タルクィーニアにある古代エトルリアの遺跡や“レネスの墓”の壁画、BC約6世紀前半。“レオパーティの墓”や“トリクリニオの墓”の壁画、BC約500年。“ティフオネの墓”の壁画、BC3世紀および2世紀。

パレット49

1-5　メキシコ・シティーの近く、カカシュトラの壁画から。マヤ時代初期、650～900年。ダイアナ・マガロニによって、赤は赤鉄鉱を、イエローは褐鉄鉱を含むことが確認されました（ナショナル・ジオグラフィックVol.182 No.3 1992年9月号）。ブルーは、マヤ・ブルーであることはまず間違いありません。この色は、ノルマン征服以前のメソアメリカで壁画や陶磁器用に作られた顔料で、インディゴを白い粘土鉱物アタパルジャイトに沈殿させて作ります（ゲッテンス,1962年、クレベール他,1967年）。

パレット50

解説なし

パレット51

1-4　ロバート・スマークによる水彩絵の具、1802年。ロンドンの英国王立建築家協会所蔵の線画コレクション。また、J.C.クラフトとN.ランソネット共著の“Plans, Coups, Elevations des plus belles Maisons et Hotels construits a Paris et dans les Environs”パリ、1802年にも示されています。また、P.ソーントンの“真の装飾”ウェイデンフィールド＆ニコルソン, ロンドン、1984年、図241も参照ください。

パレット52

1　壁紙の縁飾りから。1820～30年。A.L. コータンの寄贈品、ロンドン、大英博物館蔵。

1,3店頭やホールなどに使うさまざまなな“銘木”（ローズウッド、レッド・サテンウッド、コーラルウッドなど）を真似た比較的鮮やかな色の仲間としてナザニール・ウィトックの“デコレーティブ・ペインターズ”やグレージャーズの“ガイド”（ロンドン、1827年）にも取りあげられています。

4　ジョセフ・ドリー製作のシルクのパネルから。リヨン, 1813年。ロンドン、V&A博物館蔵。

5　古典的なスタイルを基本にして、寝室をエンパイア様式にデザインした、水彩絵の具を使ったプランの壁や織物の色から。セオドール・パスキールの“デシンズ・ダムフォルメン”、パリ、1830年。また、ペーター・ソーントンの“真の装飾”（ロンドン、1984年）の図絵324も参照ください。

パレット53

このパレットは、一般的に繰り返しよく使われるてきた建築用の色から集めています。よく知られている例のみ紹介しましょう。

1　建造物の壁から。ジャン・フィリップ・ランクロの“Les couleurs de L' europe”（モニテウラ、フランス、1995年）に記載された、タール砂漠やインド、それに、ギリシャのカルパトス島のオリンポス, メネテス, アーカッサ, ヴォラダといった村落の家の色。

2　タルダンやカスバの街の、練り土の壁から。クサールKsour（要塞で防備した集落）、モロッコ。

3　カラー１と同じく、泥を固めて作った家のあるギリシャの島々から。タール砂漠、インド。また、クジャラート沿岸の遊牧民の小屋。

4　インド、タール砂漠の土作りの家や、サハラ南縁のダデス・バレーにあるタルダンやエッサウィーラ、カスバの壁から。

5　カラー１と同じく、ギリシャの島々やイタリアのナポリやブラーノ島の家々から。

6　モロッコのリサニやティネニール、ムゾンダの村々の土壁や家から。

7　インド、タール砂漠の家々に使われた色から。

8　カラー6と同じく。また、モロッコのエッサウィーラやタルダンの平原にある家の雨戸や車庫や細部装飾、ナポリやブラーノ島の家々に使われた色から。

9　マラケシュのバヒーヤ宮殿の天井、ジョドプルのブランパリ（バラモンの街）の壁から。また、サハラ砂漠で遊牧の民サハラウィ人が着る衣装の色“ブルー・メン・オブ・サハリ”から。

10 モロッコ、エッサウィーラ近辺の海辺の農家の壁、タルダンのオールド・パレスの壁から。

11 シャウエン（モロッコのタンジールとフェスのあいだ ）やジョドプルのブランパリ（カラー9を参照）の壁の色から。

12 エッサウィーラの近くの工芸品や農家から。サハラウィ人の着るインディゴで染めた布、シャウエンの扉、マリーン王朝の色合い（1269～1465年）。以上すべてモロッコ。

13 ジョドプルのブランパリ（カラー9を参照）から。

14 グジャラート沿岸の遊牧民の小屋から。

15 タール砂漠やアンドラプラデシュ州のタドバトリ近辺の建造物の細部装飾の色（カラー16と共に）から。ジョドプルのニマジ・ハヴェリ（昔のタウンハウス）の細部装飾の色。以上、すべてインド。また、モロッコのエル・ジョルフやシャウエンの街の壁から。この色調のターコイズは、細部装飾用の色としてカラー16と一緒に使われていることが多い色です。

16 ポルトガルの窓枠の色、ギリシャの村や聖なる街ジョドプルのもっとも暗い壁の色でもあります。また、西洋文化では聖母マリアの衣装のブルー、フランス中世のロヤルティー・ブルーやウォッシング・ブルー。マラケシュのマジョレル邸に似たブルー。また、ギリシャ、カルバトス島の村々の家の色（カラー1を参照）。インド、ジョドプルのブランバリ。一般に、カラー15に結びつきのある色です。

パレット54

1-4　すべてグアテマラ、エル・ペテンのフローレスにあるラグーン・ハウスから。メキシコ、オクサカのカノ・レチェ・トリステで見られる外壁の色。メキシコ、ユカタン半島のリオ・ラガートスで見られる外壁の色。

パレット55

1-3　福田邦夫による紹介文が載った、日弁貞夫著書“日本の装飾”にある、仮説を立てそれを系統立てた歴史に基づく解説。

1　萌黄色は、黄色の植物染料とインディゴ藍で上染めされてできます（日本では古くから藍染めの織物の国内貿易が盛んでした）。福田によると、この方法で染めたシルクは通常、素晴らしい黄色になり、綿の場合はドラブ・オリーブ・グリーンになるということです。

2　日本では、ブラウンはそれ自体が江戸時代の色となっており、“茶色”（お茶の色）とされていました。18世紀終わりまで、ブラウンの暗色には有名な歌舞伎役者にちなんだ名前がつけられていました。

パレット56

1-4　ルイ・シューとアンドレ・マール（1919〜28年以来のパートナーで、コンパーニュ・ド・アーツ・フランシャスを創設）のデザインのよる寝室をエリック・ベージが描いたイラストから。L.ムシナックの“インテリア”1924年（パリのフランス国立図書館蔵）を参照ください。画家のマールとパートナーシップを組み、シューがインテリアのデザインをおこないました（ヘレナ・ルビンスタイン、ジャンパトゥ、大洋航路船ノルマンディーやイル・ド・フランス他）。

パレット57

1-3　フォルクスワーゲン・マイクロバスの販売促進用カタログ1972年版から。

4　車にマッチ。

パレット58

1-4　NCSの色のパレット。

パレット59

1　聖母子。ロンドン、大英博物館蔵。

2　聖母子。ロンドン、大英博物館蔵。

3　葉や織物の色、円形パネルや聖堂のパネル。ロンドン、大英博物館蔵。

4　織物や“影”の色、フリーズ（帯状装飾）。イタリアのピストイア、チェッポ病院（1277年建築）。

5　葉の色や紋章付きの外套、“受胎告知”、その他のパネル画：ピストイア、チェッポ病院。大円形パネル、ロンドン、大英博物館蔵。

6　さまざまなパネル画、ロンドン、大英博物館蔵。

7　葉の色や紋章付きの外套、“受胎告知”、その他のパネル画：ピストイア、チェッポ病院。大円形パネル、ロンドン、大英博物館蔵。

8　さまざまなパネル画、ロンドン、大英博物館蔵。

9　メディチ家紋章付きの外套、ピストイア、チェッポ病院。さまざまなパネル画、ロンドン、大英博物館蔵。

10 さまざまなパネル画、ロンドン、大英博物館蔵。

パレット60

1-2　食品の箱から、明の嘉靖時代、1522〜66年。ロンドン、大英博物館蔵。

3-6　中国の酒壷から。ロンドン、大英博物館蔵。

7-8　明の磁器製の食物の箱から。中国、嘉靖時代。

9-10　磁器製の小瓶から。元王朝、1350年、中国。大英博物館蔵。

11-14 コバルトの釉薬をかけた有田焼。1600年以降、日本。さまざまな作品、ロンドン、大英博物館蔵。

パレット61

1-4　1850年まで、染料はすべて自然のものでした。染め物をする人は、インディゴやアカネなど植物から採れる染料に頼るほかなく、そうした染料を抽出して提供する産業が広く行われていました。現在の有機化合物ができるまでは、基本的に染料の化学的な性質についてはほとんど知られおらず、この頃から少しずつ使われ始めるようになりました。中でも特筆すべきはウィリアム・パーキンスです。1856年に彼がマラリアの治療法を探しているとき、偶然に濃い化学染料ができ、パーキンスはこれをモーブと名づけました。この色は紫外線の下では不安定で色あせてしまうため、現代ではモーブという名前を聞いても、発見された当時の画期的な印象も、その時代の流行にまでなったこの色の影響力も伝ってはきません。

パーキンスの色は、アニリンつまりコールタール染料から作った初の純粋な色でした。これに続いてすぐに多くの色が作られるようになり、最初の合成染料は1868年のアリザリンでした。アリザリンは、昔ながらの植物から顔料を採取していた染料市場に初めて大きな脅威を与えたのです。後に、アゾ系色素や硫黄をベースにした染料が永続的に使われるようになり、現代的な染料の化学的な根幹をなすようになりました。これによって現代社会では、私たちの誰もが色を自由に手に入れて楽しむことができるようになったのです。

1　モーブ。純粋なアニリン（コールタール）染料、パーキンス、1856年。パーキンスのオリジナル染料で染めたシルクの衣装、1862年、ロンドン科学博物館蔵。この用語の起源：モーブはアオイ科の植物を示すラテン語のmalvaから来ており、この植物のフランス語名がモーブです。

2 マゼンタ。純粋なアニリン染料、バーグイン、1858～59年。第2の基本的な染料で、モーブより幅広く使われています。また、“フクシン”とも呼ばれます。BCC“マゼンダ”198。

3 アリザリン・クリムゾン。合成のアカネ色、合成による最初の植物染料：グラエベとリエバーマンにより合成、ドイツ、1868年。パーキンス、イギリスにて単独で。リッジウェイ“ローズ・レッド”71、現代的なアリザリン・クリムゾン、画家の顔料、RHS“クリムゾン”。

4 メチル・バイオレット。基本的な染料、ラウト、1861年。リッジウェイの“ブルーイッシュ・バイオレット”57やRHSの“メチル・バイオレット”にも似ています。

パレット62

1-16 NCSのカラー・パレット。

パレット63

明らかに、アンデスの民が何世代もかけて作り上げてきたもので、このパレットは非常にみごとです。そして、歴史上の非常におもしろいパレットの多くと同様、中心となる色にパープルが使われています。

1-10 ペルーのウルバンバ渓谷や、ピサクやクスコの市場の織物、ショール、生地から。

パレット64

2つ以上のものに見受けられる色もあります。

1,3,4,9 アスコス（水差し）、イタリア、カノザ製、BC270～200年。

2,3,5,8 イタリア、カノザ製、テラコッタの像。BC270～200年。

2,7 アヒルとホラ貝を持った女性の小彫像。イタリア、カノザ製、BC270～200年。

6 リュトン、ヤギ族の角を赤でかたどった酒器。どれも、テラコッタに白い泥漿《でいしょう》を塗り、その上に塗装が施されています。ステュアートとデュランドのコレクションから。ロンドン、大英博物館蔵。

こうしてコレクションされた手工品について、顔料の分析が行われたことはありませんが、当時の多色彩色の品についてX線回析や化学分析、UV分析などは行われてきました。特筆すべきは、1970年のRAヒギンズによる分析で、オーカーや赤鉄鉱、瀝《れき》青《せい》炭（すす）、チョーク、石膏、マラカイト、エジプシャンブルーなど、広範囲にわたる塗料用顔料が識別されました。

カラー3は、イタリアのポッツオーリの鉱山で採れた顔料の色で、これから濃く暖かなレッドオーカーができることを当時のローマ人は知っており、ポッツオーリ・レッドとして有名になった色です。ポッツオーリで作られる顔料の現代の色見本や、ポッツオーリの鉱山から採れるポゾランの凝灰岩にマッチ。キース・エドワーズ氏のご厚意による。

カラー6は、顔料メーカーのクレマーで以前売られていた、中世式の方法で作ったバーミリオンの色見本に非常によく似ており、トスカナのアミアタ山で採れたシナバーの色見本に色調がとてもマッチしています。どちらもキース・エドワーズのコレクション。

カラー4は、非常に純粋な石黄の色で、この色ほどオレンジ色を帯びていない色合いはめったに見つかりません。しかし、この時代の多色彩色の陶器に塗った塗料と一緒に使われた鉛色のイエローの釉薬にはよくある色です。

このパレットのブルーは、わずかにグリーンを含んだ、非常に純粋なアジュライトを思わせます。カラー1は、ゴムテンペラと卵テンペラの両方に使われる、ナミビアのツメブ鉱山で採れるアジュライト顔料の現代的な塗料にマッチします。しかし、エジプシャンブルーの顔料（コバルトや銅のガラス・フリット）の、陶磁器を装飾する塗料としては、当時のギリシャで広く普及していました。リデレール（“芸術家の原料”,Vol.3. 1976年）は、シシリー島のチェントゥリペでBC2世紀からギリシャの塗装を施した壷にこの色が使われていることを確認しました。エジプシャンブルーはポッツオリ・ブルーとも呼ばれます。

このパレットのピンクには、起源がいくつかあります：その時代の上等な織物を彩るために使われた、非常に高価な染料を作り出したアクキ貝：アカネの根から採った濃い染料をチョークなど不活性な下地の上で凝結させて作るマッダー・レーキ（濃い赤紫色）：または、昆虫のケルメスから作られる顔料。カラー2は、ゴムの中に集められた現代的な本物のローズ・マッダー・レーキの色ですが、また、キース・エドワーズのコレクションにある、ケルメスに似た昆虫から作られたインディアン・レーキの顔料の見本とも深く結びついています。ヒギンズは、アカネをある分類基準に入る染料であるとしましたが、BC450年の、ある役者の像に使われたピンク色の染料は識別できませんでした（1970年）。しかし、W.T.ラッセル（1892）やファーンズワース（1951）は、特にマッダー・レーキをグレコローマンの時代からエジプトやコリントで使われた加工顔料の見本となる染料として分類し、これらの色の起源としてもっとも可能性が高いものと認めました。

これらの顔料について詳しくは、“芸術家の顔料”,Vol.3.（1997）に掲載の論文を参照ください。

便利なカラー用語

彩度　saturation

色の濃さの度合いや、どの程度グレーを帯びているか、どの程度の明色であるかといった色みの強弱、鮮やかさの度合い。また、色の純粋性をどの程度失っているかを示す度合い。純度の高い色は、もっとも鮮やかで純粋で濃い色合いをしています。明るさによって分類された色の定義。

色記憶　colour memory

私たちが視覚刺激を無視し、さまざまな光の下での色の不変性を確かなものにするために色の記憶を使うこと。人工的な色の恒常性を確実にする方法。

加法原色　additive colours

加法原色は、それを混ぜると、明るさの増した純粋な色合いの別の色ができます。
例：光の原色。

減法原色　subtractive colours

減法原色（例：塗料）は混ぜると、互いに光の波長の反映を大部分打ち消しあい、共通する波長だけを表します。そのため、グリーンがかったブルーとアシッドイエローを混ぜると、ブライトグリーンになり、パープルがかったブルーとオレンジがかったイエローを混ぜるとオリーブ色になります。このように減法混色は予想したよりもずっと暗い色になります。

明色　tint

例：ブルーの明色はライトブルー。ブルーに白を加えた色です。

暗色　shade

例：ブルーの暗色はダークブルー。ブルーに黒を加えた色です。

トーン　tone

例：ブルーのトーンは、グレーがかったブルー。ブルーにグレーを加えた色です。

カスプ・カラー　cusp colour

光の状況によって色が変わって見える、複雑に混ざり合った色（グレーがかった、くすんだ色が多い）を表す新しい用語です。このためカスプ・カラーは、色記憶によって認識したものとは一致しません。グレーがかったグリーン・ブルーや、ブルーがかったベンガラでできたピンクなどがその例です。こうした色は、例えば暖かなタングステンの灯り（色温度2,900ケルビン）と、厚い雲に覆われた空の冷たいブルーがかった光（色温度7,000ケルビン）の両極端の場合など、光の状態によってそれぞれ別の特徴を示します。明るい昼の光は、厚い曇に覆われた場合から直接日光があたるフル・スペクトルのあいだで変化する傾向があるため、カスプ・カラーになりやすいのはブルーとバイオレットの境目にある複雑な色です。

彩度　chroma

同じ明るさのグレーに対して、色相が持つ鮮やかさの度合いを示す基準、つまり、色の純粋さや鮮明さであり、色の明暗や色相ではありません。テレビの色は、画像をフルカラーから白黒へとゆっくりと変えていくことで彩度を変えることができます。Chromaとは、ギリシャ語で色を意味します。

色相　hue

色が個別に持つ認識できる特徴。例えば、レッド、オレンジ・レッド、オレンジなど。色相環で細かく円形に並んでいる色合いは、色の持つ色相で測ることができ、色相は色の波長によって決められています。

明度　value

色の明るさ（白さや黒さといった明暗）で、弱さやグレーがかっている度合いとは関係がありません。

補色　complementaries

カラーモデルでは、補色は色相環の中で向かい合う位置にあります。このため、適正な量を混ぜ合わせると、互いに打ち消しあってグレーや黒（顔料の場合）や白（光の場合）になる色です。実際には、減法原色である顔料の補色同士を混ぜると濃いブラウンになります。補色同士を対比するように置くと、眼の錯覚を起こし、色が互いに刺激し合って浮いて揺れているように見えます（例えば、赤とグリーン）。減法原色の3色からなるモデルや4色からなるモデル（8～9ページのモデル1と2を参照）は、おもしろいことに補色の配色が異なります。3色の加法原色の（光の原色と2次色の）モデルは、光の特性を最大限に生かした補色の配色になっています。

写真提供

1–2 Edina van der Wyck; 12–13 *Elle Decoration*/Chris Tubbs/designer Laurence Kluft; 16 Red Cover/Huntley Hedworth; 17 above Red Cover/ Reto Guntli; 17 below left Graham Atkins Hughes/designer Karim Rashid; 17 below right Verne Fotografie; 20 *Marie Claire Maison*/Marie-Pierre Morel/J. Pascal Billaud; 21 above left Ray Main/Mainstream; 21 above right IPC Syndication/© *Living Etc.*/Chris Dawes; 21 below left Vega MG/Guilio Oriani/architect Betti Sperandea/Studio 98 (00.39.02.86.45.84.97); 21 below right Red Cover/Winfried Heinze/ architects Chris & Milla Gough-Willets/practice Studio Azzurro; 24 above left Guy Bouchet; 24 above right The Interior Archive/Mark Luscombe-Whyte; 24 below Narratives/Jan Baldwin/designed by Cath Kidston; 25 above *Marie Claire Maison*/Marie-Pierre Morel/Marie Kalt/ designers Antoine Audiau & Manuel Warosz; 25 below left Verne Fotografie; 25 below right Agence Top/Roland Beaufre; 28 Verne Fotografie; 29 above Red Cover/David George; 29 below left Ray Main/ Mainstream/designer Philippe Starck; 29 below right Verne Fotografie; 32 Paul Massey; 33 above left Alexander van Berge; 33 above right IPC Syndication/© *Homes & Gardens*/Debi Treloar; 33 below *Marie Claire Maison*/Vincent Leroux/Catherine Ardouin; 36 above left Ray Main/ Mainstream; 36 above right Deidi von Schaewen/architect Eli Mouyal; 36 below left Minh + Wass; 36 below right The Interior Archive/Simon Upton; 37 *World of Interiors*/ Eric Morin/designer Agnès Emery; 39 above Narratives/Jan Baldwin/designed by Rita Konig; 39 below left Red Cover/Polly Farquarhson; 39 below right The Interior Archive/Edina van der Wyck/designer Sophie Hicks; 41 above Red Cover/Andreas von Einsiedel; 41 below left Taverne Fotografie Agency/John Dummer/ Karin Draaijer; 41 below right Red Cover/© *Maison Côté Sud*/Bernard Touillon/architect Paul Anouilh; 43 above left IPC Syndication/© *Ideal Home*/Claudia Dulak; 43 above right Ray Main/Mainstream/architect Patrick Gwynne; 43 below The Interior Archive/Simon Upton/ reproduced by kind permission of the National Trust (Carlyle's House); 45 above Vega MG/Eugeni Pons/José Tarrago (00.34.968.150.255); 45 below left Red Cover/Reto Guntli; 45 below right Vega MG/Giorgio Possenti/architect Vincent van Duysen; 46–47 *World of Interiors*/Bill Batten; 48 The Interior Archive/Fritz von der Schulenburg; 51 Ken Adlard; 54 Arcaid/Richard Bryant/Homewood House Museum, the Johns Hopkins University, Baltimore, Maryland, USA; 55 Ken Adlard; 58 Ken Adlard; 59 National Trust Photographic Library/Geoffrey Frosh; 61 *World of Interiors*/Bill Batten; 62–63 National Trust Photographic Library/Eric Crichton; 64 The Interior Archive/Edina van der Wyck; 67 Sanoma Syndication/Peter Kooijman; 68–69 The Interior Archive/ Mark Luscombe-Whyte; 71 The Interior Archive/Edina van der Wyck/ designer Jenny Armit; 73 Camera Press/© *Visi*/Designers Guild; 74–75 Red Cover/© *Maison Française*/Francis Amiand/designer Florence Baudoux (LUMA 00.33.1.45.49.37.12); 76 Minh + Wass; 78–79 *Marie Claire Maison*/Ingalill Snitt/P. Bailhache; 80 The Interior Archive/Fritz von der Schulenburg; 83 Narratives/Jan Baldwin/designer Lena Proudlock (01666 890 230); 84 Andrew Wood/Rupert & Caroline Spira; 86 Ray Main/Mainstream/20th Century Design; 88 Agence Top/André Chadefaux; 91 The Interior Archive/Edina van der Wyck/architect John Lautner; 92 Ray Main/Mainstream; 94 *Vogue Living*/Mikkel Vang/Christine Rudolph; 97 World of Interiors/Bill Batten; 99 Ray Main/Mainstream/designer Paul Daly; 101 *World of Interiors*/ James Mortimer; 102–103 Arcaid/Richard Bryant/architects Tsao & McKown; 107 Narratives/Jan Baldwin/designer Alastair Hendy; 108–109 *World of Interiors*/Bill Batten; 111 Tim Street-Porter; 112 Narratives/Jan Baldwin/MMM Architects (020 7286 9499); 114–115 Red Cover/Ken Hayden/designer Jonathan Reed; 116 Sanoma Syndication/Hotze Eisma; 119 Andreas von Einsiedel/ designer David Carter; 121 Robert Montgomery & Partners/Pia Tryde; 122 Chris Tubbs/designer Oswald Boateng; 125 Les Publications Condé Nast/© *Architectural Digest*/Vincent Thibert; 126 Arcaid/Richard Bryant/architect Carl Larsson; 128 Guy Obijn/architect Jo Crepain; 131 Ricardo Labougle/Hotel Boquitas Pintades, Buenos Aires; 132–133 *World of Interiors*/Bernard Touillon; 134 The Interior Archive/Edina van der Wyck; 135 Craig Fraser/architect Bert Pepler; 138–139 Camera Press/© *Visi*/Adriaan Oosthuizen; 140 Geoff Lung/ designer Tim Janenko Panaeff; 143 Minh + Wass/construction Tyler Hays; 144 Gilles de Chabaneix; 145 *Marie Claire Maison*/Marie-Pierre Morel/Daniel Rozensztroch; 146 Andrew Wood/Rupert & Caroline Spira; 149 The Interior Archive/Luke White/architect David Mikhail; 150–151 The Interior Archive/Ianthe Ruthven; 153 Red Cover/Ken Hayden/architect Lord Richard Rogers/designer Jonathan Reed; 154–155 IPC/© *Homes & Gardens*/Winfried Heinze/Philip Hooper at Cibyl Colefax & John Fowler; 157 Minh + Wass; 158 Vega MG/Gianni Basso/designer and owner Giuseppe Sala; 162 Ray Main/Mainstream; 163 Andreas von Einsiedel/designer David Collins; 164–165 Taverne Fotografie Agency/Hotze Eisma/Hanne Lise Poli; 166 *Elle Decoration*/ Chris Tubbs/architect Stuart Church; 170 *Marie Claire Maison*/Dan Tobin Smith/David Souffan; 171 The Interior Archive/ Edina van der Wyck/architect Lord Richard Rogers; 172 Red Cover/© *Maison Française*/Barbel Miebach; 174 *World of Interiors*/Eric Morin.

謝辞

There are a number of individuals who I wish to thank for their involvement with this book, without whose help it would have appeared a rather pathetic volume. Jane Turnbull deserves mention for her guidance and advice, Lisa Pendreigh and Helen Lewis for their patient editing and design, Nadine Bazar for extensive picture research, Sarah Howarth for her support and research, Laura Baer and Polly and Henry Reeve for colour research and matching, and Anne Anderson for encouraging me to paint. Also thanks to Jane Duncan of the Colour Group, Ole Cornelissen of Cornelissens, Dr Andrew Middleton of the British Museum for research material, Colin Mitchell Rose of Craig and Rose, and Mike and Lula Gibson for collecting bits of wall from India.

I want to especially thank Patrick Baty for his support and for providing research material, Keith Edwards for spending time pigment matching and pointing me in new directions, and Anne Furniss – whose idea this book was – for her vision.

Several institutions and companies have been enormously helpful in providing research material and source subject matter, some wittingly, others not. Some are large museums, others are small facilities, run on small budgets and dependent upon the energy of a few passionate individuals. It would be an injustice not to list them, so thanks to:
National Geological Survey; Design Museum, London; Victoria and Albert Museum, London; British Museum, London; Papers and Paints Ltd, London; Haynes Motor Museum, Sparkford; The National Motor Museum, Beaulieu; Volkswagen, Milton Keynes; The American Museum in Britain, Bath; Humbrol Ltd, Natural Color System (UK); Craig and Rose; SAS Regimental Association; The Color Library at the Royal College of Art, London; Michael Harding, artists' colorman; National Art Library; Drawings Collection at the Royal Institute of British Architects, London; Geological Collection at The Natural History Museum, London; British Standards Institute Library; Potterton Books; Spectrocam, The Color Group; Traditional Paint Forum; Oil and Color Chemists Association.

I must also thank my colleagues at work for their tolerance and particularly Christopher Hoare for his support. Finally, I would never find the time to research, colour-match or write were it not for the unfailing support and friendship of my wife and the long-suffering patience of my children.

For Hugo, Grace, Milo and Elsie who are blessed with young eyes.

参考文献

176～185ページで述べたパレットの解説に加えて、主な参考文献を紹介します。

history of colour, pigments and colour in decoration

Philip Ball, *Bright Earth: The Invention of Colour*, Viking, 2001.

Jenny Balfour-Paul, *Indigo*, British Museum Press, London, 1998.

Patrick Baty, 'Palette of Historic Paints', *Country Life Magazine*, 20 February 1992, UK.

Patrick Baty, 'Palette of the Past', *Country Life Magazine*, 3 September 1992, UK.

Paul Binski, *Medieval Craftsmen: Painters*, British Museum Press, 1991.

Viola and Rosamund Borradaile, *Practical Tempera Painting: A Student's Cennini*, Dolphin, Brighton, 1949.

Helmuth Bossert, *An Encyclopaedia of Colour Decoration*, Ernst Wasmuth, Berlin, 1928.

Ian C. Bristow, *Architectural Colour in British Interiors, 1615–1840*, Yale University Press, London, 1996.

Ian C. Bristow, *Interior House-Painting Colours and Technology, 1615–1840*, Yale University Press, London, 1996.

Ian C. Bristow, 'Ready-Mixed Paint in the Eighteenth Century', *Architectural Review*, No. 963, April 1977.

Ian C. Bristow, 'Repainting Eighteenth-century Interiors', *ASCHB transactions 1981* (vol. vi, 1982).

M. Brusatin, *A History of Colours*, Shambala, Boston, USA, 1991.

E.R. Caley, 'Ancient Greek Pigments', *Journal of Chemical Education*, 23 (1946).

Robert Chenciner, *Madder Red*, Curzon Press, 2000.

François Delamare and Bernard Guineau, *Colour, Making and Using Dyes and Pigments*, trans. from the French edition, Thames and Hudson, 2000.

Alan Dronsfield and John Edmonds, *The Transition from Natural to Synthetic Dyeing*, Edmonds, 2001.

John Edmonds, *The History of Woad and the Medieval Woad Vat*, Edmonds, 1998.

John Edmonds, *The History and Practice of Eighteenth-century Dyeing*, Edmonds, 1999.

John Edmonds, *Tyrian or Imperial Purple Dye*, Edmonds, 2000.

English Heritage, *Layers of Understanding, Proceedings of Architectural Paint Seminar*, Donhead, 2002.

R.L. Feller (ed.), *Artists' Pigments*, Vol. 1, National Gallery of Art, Washington, USA/OUP, Oxford, 1986.

M. Farnsworth, 'Ancient Pigments', *Journal of Chemical Education*, 28 (1951).

Simon Garfield, *Mauve*, Faber & Faber, London, 2000.

Oliver Garnett, *Colour: A Social History*, The National Trust, 2000.

R.J. Gettens & G.L. Stout, *Painting Materials: A Short Encyclopaedia*, reprint of 1942 edition, New York, 1966.

F. Hamilton Jackson, *Mural Painting*, Sands & Co., London, 1904.

R.A. Higgins, 'The Polychrome Decoration of Greek Terracottas', *Studies in Conservation*, 15 (1970).

Historic Paints Ltd, *A Treatise and General Primer on the Properties of Early American Paints*, Historic Paints Ltd, USA, 1994.

Arthur Seymour Jennings, *Paint and Colour Mixing*, 7th ed., Trade Papers Publishing, London, 1926.

Catherine Lynn, 'Colors and other Materials of Historic Wallpapers', *Journal of the American Institute for Conservation*, Vol. 20, No. 2.

Maclehose and Brown, *Vasari on Technique*, Dent 1907, Dover 1960.

Ralph Mayer, *The Artist's Handbook of Materials and Techniques*, 4th ed., Faber & Faber, London, 1981.

Thos. Parsons and Sons Ltd, *Historical Colours*, reprint, Thos Parsons and Sons Ltd, London, 1937.

Michel Pastoureau, *Bleu, Histoire d'une Couleur*, Editions du Seuil, 2000.

Traditional Paint News, *Journal of the Traditional Paint Forum*, 1994.

A. Roy (ed.), *Artists' Pigments*, Vol. 2, National Gallery of Art, Washington, USA/OUP, Oxford, 1992.

Frank S. Walsh, 'The Early American Palette: Colonial Paint Colours Revealed', *Paint in America: The Colors of Historic Buildings*, (R.W. Moss ed.), John Wiley & Sons Inc, USA, 1994.

E. West Fitzhugh (ed.), *Artists' Pigments*, Vol. 3, National Gallery of Art, Washington, USA/OUP, Oxford, 1997.

Georgian Group Guide No. 4, *Paint Colour*, 2nd ed., UK, 1991.

classical and early texts on colour and pigment

Leon Battista Alberti, *On Painting*, trans. C. Grayson, Penguin, London, 1972 and 1991.

Aristotle, *On the Soul*, book II, vi–viii, book III, i–iii, v, trans. W.S. Hett, Harvard University Press, 2000.

Aristotle, 'On Colours' in *Minor Works*, trans. W.S. Hett, Harvard University Press, 2000.

Aristotle, *Parva Naturalia, On Sense and Sensible Objects*, trans. W.S. Hett, Harvard University Press, 2000.

Cennino Cennini, *Il Libro dell'Arte*, ed. F. Brunello, 1971.

Plato, *Timaeus, 36: Colours*, trans. D. Lee, Penguin Classics, 1977.

Pliny the Elder, *Natural History*, (book II 151–3, book IX 125–127, book XXXIII 111, books XXXIV–XXXVII, trans. J.F. Healy, Penguin Classics, London, 1991.

Theophilus, *On Divers Arts*, (1122), trans. Hawthorne and Smith, Dover,

New York, 1979.
Translations of the major medieval works such as the manuscripts of Jehan Le Begue and Alcherius can be found in the republished 1849 work by Mary P. Merrifield, *Medieval and Renaissance Treatises on the Art of Painting*, Dover, 1967. (Two volumes bound as one.)

colour theory, mapping and systems

Roy S. Berns, *Billmeyer and Saltzman's Principles of Colour Technology*, 3rd ed., John Wiley and Sons Inc., 2000.
Färgrapport F28, *Colour Order Systems and Environmental Colour Designs*, ed. Anders Hård and Lars Sivik, Scandinavian Colour Institute, 1983.
Färgrapport F22, *On Studying Colour Combinations*, ed. Anders Hård and Lars Sivik, Scandinavian Colour Institute, 1989.
Johann Wolfgang von Goethe, *Theory of Colours*, trans. Eastlake 1840, reprinted M.I.T., 1970.
Wilhelm Ostwald, *The Color Primer*, ed. Faber Birren, English edition, Van Nostrand Reinhold, New York, 1969.
Charles A. Riley, *Colour Codes*, University Press of New England, Hanover, USA, 1995.
Paul Zelanski and Mary Pat Fisher, *Colour*, 3rd ed., Herbert Press, 1999.

colour vision and perception

Edith Anderson Feisner, *Colour*, Laurence King, 2000.
Dennis Baylor, 'Colour Mechanisms of the Eye', *Colour Art and Science*, ed. Lamb and Bourriau, Cambridge, 1995.
John Berger, *Ways of Seeing*, Penguin, London, 1972.
B. Berlin and P. Kay, *Basic Color Terms*, University of California Press, 1969.
The Colour Group, *Newsletter*, Colour Group (Great Britain, www.colour.org.uk)
Malcolm Longair, 'Light and Colour', *Colour Art and Science*, ed. Lamb and Bourriau, Cambridge, 1995.
John Mollon, 'Seeing Colour', *Colour Art and Science*, ed. Lamb and Bourriau, Cambridge, 1995.
H. Varley (ed.), *Colour*, Marshall, London, 1980.
M.D. Vernon, *The Psychology of Perception*, Penguin 1962.
Michael Wilcox, *Blue and Yellow Don't Make Green*, Artways, Australia, 1998.
Ludwig Wittgenstein, *Remarks on Colour*, ed. G.E.M. Anscombe, Blackwell, 1977.
H. Zollinger, *Colour, A Multidisciplinary Approach*, VCH, Zurich, 1999.

colour and art

D. Bomford and A. Roy, *Colour*, National Gallery Co. Ltd., London, 2000.
N. Charlet, *Yves Klein*, Vilo, Paris, 2000.
John Gage, *Colour and Culture*, Thames and Hudson, 1993.
John Gage, *Colour and Meaning*, Thames and Hudson, 1999.
Paul Hills, *Venetian Colour*, Yale, 1999.
Johannes Itten, *The Art of Colour*, John Wiley and Sons Inc., 1961 and 1973.
Johannes Itten, *The Elements of Colour*, Van Nostrand Reinhold, New York, 1970.
Trevor Lamb and Janine Bourriau (eds), *Colour Art and Science*, Cambridge, 1995.

colour and place

Michael Lancaster, *Colourscape*, Academy, 1996.
Michael Lancaster, *Britain in View*, Quiller, 1984.
Jean-Philippe Lenclos, *Les couleurs de l'europe*, Moniteur, 1995.
Hibi Sadao, *The Colours of Japan*, with an introductory essay by Kunio Fukuda, trans. John Bester, Kodansha, Tokyo, 2000.
Hibi Sadao, *Japanese Detail*, with an introductory essay by Kunio Fukuda, Thames and Hudson, London, 1989.
Raghubir Singh, *River of Colour: the India of Raghubir Singh*, Phaidon, London, 1998.
Ed Taverne and Cor Wagenaar (eds), *The Colour of the City*, V+K Publishing, 1992.
Bonnie Young and Donna Karan, *Colours of the Vanishing Tribes*, Booth Clibborn, London, 1998.

contemporary culture and colour

David Batchelor, *Chromophobia*, Reaktion, 2000.
Norman Foster, *30 Colours*, V+K Publishing, Blaricum, 1998.
Derek Jarman, *Chroma*, Vintage, London, 1995.
Rem Koolhaas/OMA, Norman Foster, Alessandro Mendini, *Colours*, V+K Publishing/Birkhauser, 2001.
NCS, *Top 300 Colours in Design, Architecture and Manufacturing, 2002–2003*, Scandinavian Colour Institute, 2002.
Maggie Toy (ed.), *Colour in Architecture*, Architectural Design publication, 1996.

産調出版の関連書籍

ニューナチュラル ハウスブック

エコロジー、調和、
健康的な住環境の創造

デヴィット・ピアソン 著

いかにしたら自分の住まいを、幸福を高める聖域に変えることができるか。包括的なハンドブック。●主な掲載項目：ナチュラルな建築方法の原理／生活空間における基本的要素／住まいの再生をうながすために

本体価格4,940円

ナチュラルペイントブック

50種類以上の
自然塗料の配合法と
仕上げのためのガイド

リン・エドワーズ／
ジュリア・ローレス 著

身のまわりの材料からナチュラルペイントを作る方法を紹介。無害で美しいカラーを室内にとり入れる。

本体価格3,000円

インテリアパターンブック

6万通り以上の
柄・模様・色の組み合せが試せる
ファブリックと壁紙の見本帳

120種類の柄による織物と壁紙のコーディネイトが6万通り以上試せるバインダーブック。むずかしい3種類の柄合わせによるインテリアデザインも、この1冊で大丈夫。

本体価格3,300円

ガーデンカラーブック

あなたの庭を思い通りに
カラーコーディネイト

ポール・ウィリアムズ 著

ピンクやブルーの心和む花々から赤やオレンジの躍動感あふれる花々まで、色次第で様々な雰囲気のガーデンを楽しむことができる。多年草や1年草から球根植物、つる植物まで600以上の植物をすべてカラーで掲載。本書独特の3分割バインダー方式の色見本。

本体価格3,830円

コンクリートのデザイン

世界の現代建築家の地域的感性

キャサリン・スレッサー 著

国際的に幅広く活躍する安藤忠雄、リカルド・レゴレッタ、アントワン・プレドック、ウィール・アレッツ。4人の建築家の地域的な条件から生じたコンクリートの建築物を、104枚のカラー写真を含む258枚の写真やイラストを満載して紹介する。

本体価格3,100円

住まいのライティング

照明を生かした
インテリア・デザイン

シャーン・リーズ 著

インテリアデザイン計画の基礎となる照明。照明のデザインひとつで、玄関、リビング、キッチン、寝室、ガーデンまでも、お金をかけずに雰囲気を一変させることができる。様々なタイプの照明を屋内・外にどう活かすか詳しく説明。すべて美しいカラー写真で紹介。

本体価格3,500円

カラーで見る 世界の木材200種

須藤彰司 著

日本でよく使われる樹種の正確な情報と、正しい表情をカラーで確認、認識できる。画面の写真は実物の3倍となっており、肉眼で見るより木材の組織がよくわかる。

本体価格4,797円

自宅のアート

自宅にある絵や写真、
静物をインテリアに生かした暮らし

アラン・パワーズ 著

家にある絵や写真、静物をインテリアに生かした暮らしを提案。住まいの魅力をさらに引き出すためのアートの扱いを魅力的な写真と共に紹介。ページをめくるだけでセンスアップできそう。

本体価格3,800円

自宅のグリーン

新しいインテリアスタイルとして、
自宅に自然の草花を取り入れる

ジョージ・カーター 著

キッチンからバスルームまで、住宅の各スペースに植物を効果的、独創的に飾る方法。鉢植えの植物でインテリアのイメージチェンジを。それぞれの植物に最適な置き場所や育て方が分かる便利な「植物ガイド」付き。

本体価格3,800円

自宅の書棚

本のある暮らし
本をインテリアとして生かす

アラン・パワーズ著

単に本を収納するだけでなく、それぞれの住宅の個性を最大限に引き出した様々な書棚を紹介。居間、キッチン、寝室、バスルーム、さらには階段、廊下、玄関にも、あなたの本は素敵なインテリアとして生き返る。

本体価格3,830円

産調出版の関連書籍

本体価格3,500円

トリシア・ギルドの世界
住まいのカラー

トリシア・ギルド著

ビビットな色使いで知られるトリシア・ギルドは、色を使ってインテリアにエネルギーと温もりを与える方法を提案している。上手に色を組み合わせ、コントラストを付ける方法を鮮やかなカラー写真と共に紹介する。

本体価格3,200円

うまくいく
室内のカラー計画

室内のカラー計画
住まいの彩色事例百科

アニー・スローン 著

住まいの配色を迷わずすぐに選べる室内装飾の必携書。詳細な手書きのカラーパレットで300種類以上の色を取り上げ、テーマごとの彩色事例を解説。顔料や塗料の配色レシピ付き。

本体価格3,300円

住まいのカラーヒーリング

カラーセラピーで健康増進と
快適な住まい作りを

キャサリン・カミング 著

カラーセラピーの考え方を、住まいのインテリアデコレーションに当てはめれば、身のまわりを活気づける、気持ちをリフレッシュする、バランスをとる、緊張をほぐす―そんな部屋づくりが可能になる。

本体価格3,210円

インテリアカラーブック

11,264通りの
カラーコーディネーションを
シミュレート

天井と床と壁部分がそれぞれめくれて色合わせできる。これは本というより見本帳。画期的な三分割バインダー形式のカラーガイド。実際に欲しい色のペイントが手に入るコード番号付き。

本体価格1,900円

カラーセラピー

精神とスピリットの向上など、
カラーの持つ魔力の詳しい全容と
総合的活用法の決定版

ジョナサン・ディー／
レスリー・テイラー 著

生活にバランスと調和を持たらすカラーセラピーの方法を紹介し、積極的に色彩を生活に役立てる術を解説する。さまざまな色彩が持つ意味と効果に興味のある方に必携の一冊。

本体価格3,900円

住宅設計のマテリアル

素材の持つ機能性を活かす
ファッショナブルなホーム・デザイン

エリザベス・ウィルハイド 著

インテリア・コーディネートのためのユニークな百科。素材の魅力を美しい写真で満喫しながら正しい知識を得ることによって、自由な発想、幅広い選択、適切な組み合わせが可能。

インテリア／
カラーバイブル

発　行　2005年2月25日
本体価格　4,200円
発 行 者　平野　陽三
発 行 所　産調出版株式会社
〒169-0074 東京都新宿区北新宿3-14-8
TEL.03(3363)9221　FAX.03(3366)3503
http://www.gaiajapan.co.jp

ISBN 4-88282-409-4C3052
Printed and bound in China

著　　者：ケビン・マクラウド（Kevin McCloud）
作家でありブロードキャスターであり、英国の住宅建築設計における第一人者のひとりでもある。数冊の著書があり、雑誌や新聞には彼の記事がいつも掲載されている。設計その他の事業も行っており、イギリスのチャネル4では「グランド・デザイン」という番組を持っている。

翻 訳 者：荒田佳子（あらたよしこ）
1958年生まれ。福岡女学院短期大学、カリフォルニア州立大学、エディスコークン大学にて英語を学ぶ。訳書に『ナチュラルヘルスシリーズ　カラーヒーリング』（産調出版）がある。